弁護士が教える

介護トラブル解決法

親の介護で困った時の

外岡 潤

本の泉社

編集協力　藤宮礼子
イラスト　響野まりん

はじめに――利用者・家族向けの本ではありますが……

「介護にまつわるトラブルに遭遇したので、解決の役に立つ本を探したけれど、本屋やネットにあるのは施設や運営団体の目線のものばかり。肝心の主役である、利用者や介護者（家族）の立場で書かれたものがない。」

そんな声を耳にしました。

この本を手に取られたあなたも、同じ悩みを抱えた一人かもしれません。

たとえば、物価上昇が続く昨今、親御さんが入居している老人ホームから突然「食費や施設の光熱費なども上がっているので、来月から利用料を値上げします」と言われたらどうしますか？

「家計も厳しいし、困るなぁ」と思っても「納得できません」などと言ったら、退去しなければならなくなるかもしれない。それはもっと困る。

そんな悩みや不安を抱えている人は、じつはとても多いのです。

一方、経費の問題に関していえば、施設側としても経営を続ける上で値上げは必要ですから、苦渋の決断として各ご家庭にお願いして回るわけですが、一人でも反対にあうと困ってしまいます。

こうした問題を、法律でスパッと割り切ることは難しいのですが、施設側は法人ですから、顧問弁護士もいるし、システムを運用する側なので比較的有利といえるでしょう。

一方で利用者やその家族の側は、一消費者に過ぎません。

もちろん、**ソーシャルワーカー**＊や**ケアマネージャー**＊に相談することもできるのですが、こうした職域の方々も、運営者側の立場を代弁せざるを得ないことが多いのが実情です。

結果的に、利用者側はどうしても弱い立場にならざるを得ず、表面的に解決したように見えても「こちらが妥協させられた」といった感情的なしこりが残ってしまうことが多々あるのです。

では、どうするか？　筆者である私はどうすればこうした日々生じる問題を解

ソーシャルワーカー
医療・介護・福祉・教育などの分野で、相談支援をおこなう人。

ケアマネージャー
介護を必要とする人が介護保険サービスを受けられるように、ケアプラン（サービス計画書）の作成やサービス事業者との調整をおこなう、介護保険に関するスペシャリスト。

決するお手伝いができるか？

無力感や心細さを感じているご利用者やご家族をお護りし、応援したい。

そうした思いから、私は本書の執筆を決意しました。


申し遅れました。私は外岡　潤（そとおか　じゅん）と申します。

日本初の「介護弁護士」を自称していますが、介護や障害福祉の現場で起きるトラブル解決を専門に扱う弁護士となり、早14年が経ちました。

『ヘルプマン！』という漫画をご存知でしょうか？

２００３年８月から２０１４年９月まで『イブニング』（講談社）で連載された（14年以降は『週刊朝日』で連載）、くさか里樹先生の作品です。

主人公の恩田百太郎《おんだももたろう》は、自分が働く老人介護の現場で出会う問題や事件に持ち前の正義感と情熱で立ち向かいます。

通常の介護スタッフと比べると、彼の行動はときに破天荒に映りますが、そこで起こっている問題の本質を浮き彫りにして、結果的に利用者である老人や、その家族たちの「魂」を救います。

この『ヘルプマン！』との出会いが、私が「介護弁護士」を志すようになったきっかけでした。

じつは私は、もともと「マジシャンになりたい」と思っていました。大学生の頃入った手品サークルをきっかけに手品を始め、「人を楽しませたい」という願望を持つようになったのです。

しかし、自分の性格的にエンターティナーに徹し切ることができないことに気づかされ、3年生になる頃にはプロマジシャンになることは諦めました。

かといって皆と同じように就職活動をする気持ちにもなれなかった私は、恥ずかしい話ですがいわば消去法的に司法試験を受けることにしたのです。

紆余曲折を経て何とか弁護士にはなれましたが、どんな弁護士になりたいかという理想やイメージは皆無でした。

漠然と世界を舞台に飛び回る「国際弁護士」に憧れてビジネス系の法律事務所に入ったものの、1年数ヵ月が過ぎた頃には「これが本当に自分のやりたかったことなのだろうか」という疑問が膨らんでいく毎日。

とはいっても、まだまだ経験もなく、自分でも何をテーマにしたらいいのかわからない。

『ヘルプマン！』を偶々まで読んだのは、ちょうどそんな折のことで、「自分も百太郎のように、直接人間と向き合いながら、トラブルを解決に導く手応えを感じたいのではないか」と思いました。

何より、これまで「お年寄りがニコニコしている、ただ平和な世界」という安直なイメージしかなかった「介護」の姿が、じつはとても人間臭く何でもありの刺激的な世界であるということをこの漫画を通じて知り、「もっと知りたい、介護に関わりたい」という興味が掻き立てられました。

こうして私は、２００９年４月に「介護・福祉系法律事務所おかげさま」を、地元の巣鴨に設立しました。

独立当初は仕事もなかったので、現場のことを学ぶためにホームヘルパー２級の資格を取るための講座に通いました。

受講仲間と親しくなり、私がする手品の「和妻」の話をしたことがきっかけで、介護施設でマジックショーをやらせてもらえることになりました。

いまでも本業の傍ら、施設を訪問してショーを披露しています。ご覧いただくお年寄りたちの拍手や歓声を聞き、笑顔を見ることは、私にとってかけがえのない時間です。

一方で「介護弁護士」として活動していくうちに、その現場がじつはトラブルの温床であるという深刻な現実も目の当たりにしました。

典型的なトラブルが、ご利用者の転倒事故です。

転倒リスクの高い方にサービスを提供する一方で、身体拘束はできませんからどうしても一定の割合で事故は起きてしまうのです。高齢者ですから一度転ぶと大腿骨骨折などの大きなダメージに繋がります。その法的責任が問われると、問題解決が非常に困難となります。

超高齢社会と言われて久しいなか、介護保険料は値上がりし、事業所に支給される介護報酬は減らされる一方です。

乏しい予算のなかで現場の人手不足は慢性化しており、職員が根付かないので教育もままなりません。

トラブルや裁判沙汰を恐れて、現場は萎縮し、スタッフにとってはさらに過酷な職場となっている、そんな悪循環に陥っているようにも感じます。

しかし、よくよく利用者側の話を聞いてみると、「事故を起こしたこと自体は仕方ないにしても、その後の事業所としての対応に誠意がないことが許せない」という苦情が圧倒的に多いのです。

ところがそのことを相手に伝えようとしても、事業所側からみれば「お金目当てのクレーマー」に映ってしまう。そして防衛のため頑《かたく》なな態度を取り、ますます泥沼化する……という対立の図式です。

私は、そのような不毛なトラブルを一件でも無くし、トラブルになりかけても話し合いで平和的に解決することで、介護の現場に元々備わっている調和の世界と「おかげさま」の精神を取り戻したいのです。

そのためには、介護の場でトラブルが起こったら、適切に対応することで、それが大ごとになることを避けなければなりません。

また、日常のコミュニケーションや契約の段階で誤解の種をなくし、トラブルを未然に防ぐことが大切と考えています。

そして、トラブルの解決は裁判で白黒つけるのではなく、「対話」によって図っていくこと、その仕組みを作ることが必要です。その考えから、**メディエーション***という技法を学び、独自の研究成果を本にまとめたり、セミナーでお話するといった活動をしてきました。詳しくは第4章の「トラブル対処に取り入れたい、メディエーションの考え方とは」の項目をお読みください。

このように、私は根が「弁護士」ではなく、どちらかというと「エンターティナー」ですので、一方だけに肩入れして有利なアドバイスをするという性分ではないというところがあります。本書は「利用者向け」というスタンスですが、最終的には事業所と分かり合えることが理想と思っています。

いま介護に直面されている方も、そうでない方も、本書を手にされる一人ひとりにとって、本書がこれからの超高齢社会を生き抜くヒントになれば幸いです。

介護弁護士　外岡　潤

メディエーション
本来は「間に立つ」という意味。対立する当事者の間に中立な第三者として関わり、双方の言い分を主に感情面にアプローチすることで整理し、お互いの譲歩を促し平和的解決を目指す調停技法。

《目次》

第3章　家に帰れたはいいものの　在宅介護サービス編

第4章　退院しても何も変わらないじゃないか　老健編

第5章　住み慣れた家か、安全な施設か　施設入居検討編

第1章

介護のはじまりは突然に

要介護認定準備編

実際のところ、死ぬまでにいくらかかるの？

個別のトラブル相談に入る前に、まずは本章で介護というものの「全体像」を摑んでしまいましょう。

高齢の家族や親族が、「**要介護***」となった時、家族にとって一番気がかりなのは「これから一体いくらかかるんだろう？」というところかと思います。

以前、金融庁から「**老後のために2000万円必要***」などという報告書が漏れて世間を騒がせましたが、こと介護に関してはさまざまなケースが想定され、また施設といっても入居費用はピンキリです。そもそも人は、いつ死ぬかまったくわかりません。介護は子育てよりもさらに個別性が高いので、「いくらあれば」という標準値を出すことにあまり意味はありません。

要介護
日常生活上の動作を自分でおこなうことが困難で、なんらかの介護を要する状態のことで5段階に区分される。要介護の前が要支援で、これは基本的な日常生活上の動作をほぼ自分でおこなうことができるので、現時点では介護の必要はないが一部支援が必要な状態で2段階に区分される。

老後のために2000万円が必要
老後2000万円問題とは、2019年に金融庁の金融審議会「市場ワーキング・グループ」が公表した報告書「高齢社会における資産形成・管理」で、日本は「人生100年時代」といわれるかつてない高齢社会を迎えようとするなかで、今後どのように資産形成に取り組んでいくべきかを提言している。そのなかで「収入と支出の差である不足金額約5万円が毎月

具体的な金額についてはファイナンシャルプランナーに相談するのがいいと思いますが、実際にはいくつかのパターンに分類できます。そのパターンを摑むことが大事なのですが、自分の家庭に起こりうる状況と、そのときの選択肢をイメージしやすいよう、チャートにまとめてみました（次頁参照）。

この図は、大別して「親と同居（もしくは近所）」①か、「親と離れて暮らしている（いわゆる遠距離介護）」②かに分かれます。

まず①について解説します。

親の介護が必要になるきっかけとして、親が「急に倒れる」ケースAと「徐々に衰える」ケースBがあります。

急に倒れるケースは男性の高齢者に多いのですが、脳梗塞などで倒れると、まさに「突然介護が始まる」ことになるでしょう。

その場合はまず病院に運ばれますが、高齢者の場合、いったん入院すると「家に帰って元の生活ができるのか？」という判断が難しくなります。

発生する場合には、2020年で約１３００万円、3020年で約２０００万円の取崩しが必要になる」という一文が「老後のためには２０００万円が必要」と誤って解釈されたのが一人走りしたもの。この報告書では、２０１７年の高齢夫婦無職世帯の平均値を使って２０００万円という金額を算出しているが、その平均値だけを取り上げてすべての人に当てはまる事例だと解釈することは全く意味がなく、どの年のデータを使うかでも試算結果は異なる。

①親と同居 or 近距離の場合

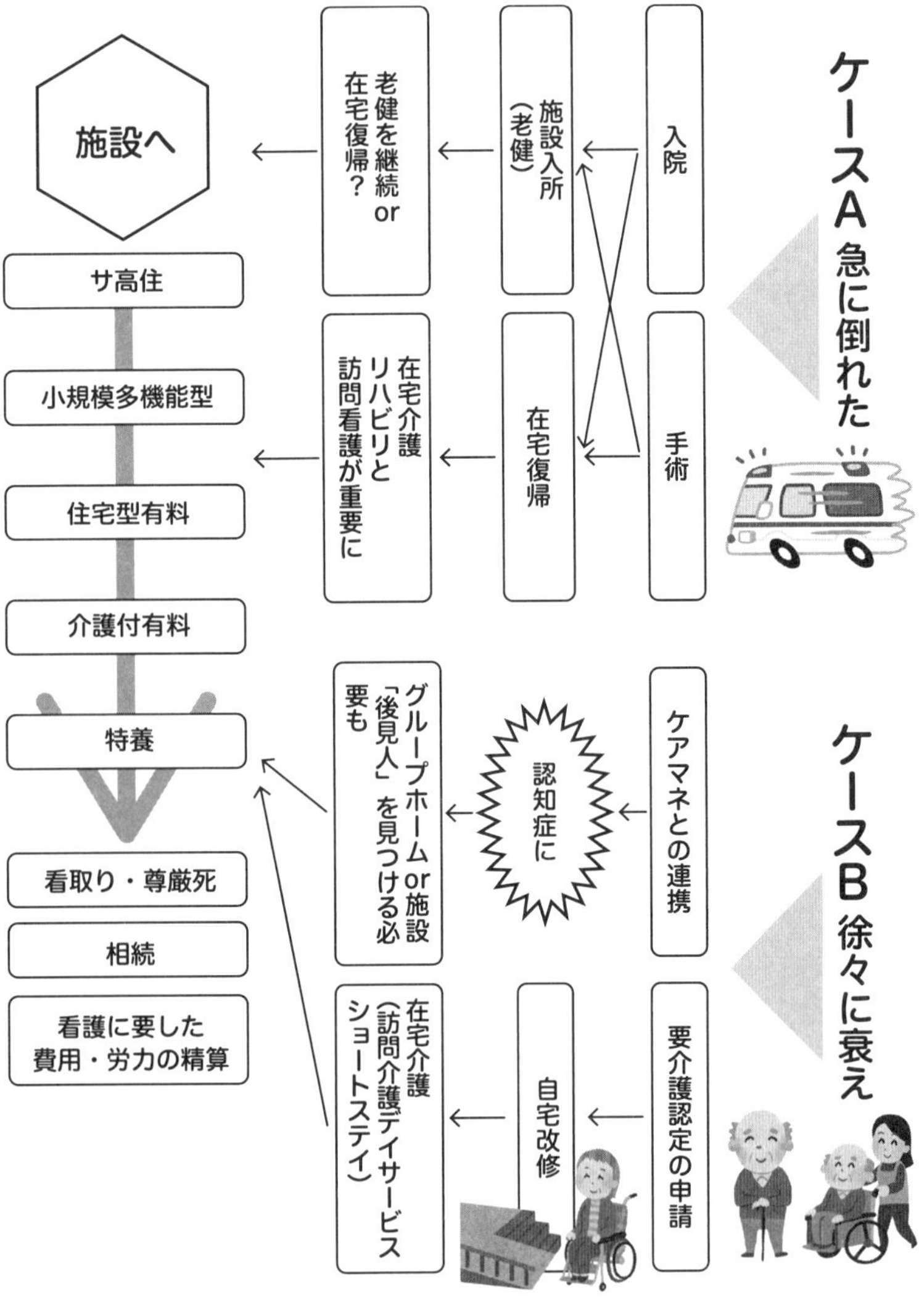
ケースA 急に倒れた
入院
手術
施設入所（老健）
在宅復帰
老健を継続 or 在宅復帰？
在宅介護 リハビリと 訪問看護が重要に
ケースB 徐々に衰え
ケアマネとの連携
認知症に
グループホーム or 施設 「後見人」を見つける必要も
要介護認定の申請
自宅改修
在宅介護（訪問介護 デイサービス ショートステイ）
施設へ
サ高住
小規模多機能型
住宅型有料
介護付有料
特養
看取り・尊厳死
相続
看護に要した
費用・労力の精算

②親が遠距離の場合

親の介護のため家族が地元へ

- **戻る** → 再就職が困難
- **戻らない** → **親を自宅へ**
  - **呼び寄せる**
    - **同居** → 介護疲れ・ストレス　環境変化により　認知症・鬱に
    - **施設入所** → 近所で安易に決め後悔 → **施設移転も視野に再考**
  - **呼ばない**
    - **親の自宅で在宅継続** → 認知症になると　徘徊等の問題　(緊急時に駆けつけられない)
    - **地元の施設入所** → 遠方なので把握困難

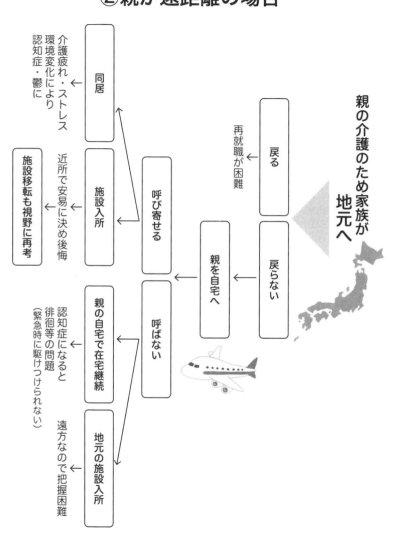

かといって、いつまでも病院にいられるわけではないので、家での生活が難しいのであれば、**介護老人保健施設***（**老健**）などに入居することが典型的ですが、そこでも3～6ヵ月経つと出なければなりません。再び「家に帰れるのか？」「別の施設に移るのか」という決断に迫られることになります。

一方でケースBでは、大きな事故や体調を崩すということはないのですが、ゆっくりと体力、気力が衰え、見当識も怪しくなり……と変化がみられるようになります。「突然ヘビーな介護の毎日に放り込まれるよりはマシか」と思われるかもしれませんが、ケースBも侮《あなど》れません。

変化がゆっくりであるため周囲が気づかないことが多く、ある日突然行方不明になったり、詐欺や悪徳商法に遭《あ》うなどして発覚することもあります。こうした事態を回避するには、日ごろから親の生活状況をよく観察することが大切です。

足腰が弱ったり視力が落ちる程度では、通常の日常生活に致命的な支障が出ることはなく、手すりをつけたり工夫をすることで何とか生活を維持できるでしょう。困るのは、本人が認知症になってしまう場合です。自分で自分の行動をコントロールできないので、食器を箪笥にしまい込んだり、「お金を盗られた！」と

介護老人保健施設
要介護1以上の認定を受けた65歳以上の高齢者を対象とした施設で、自宅復帰のためのリハビリや医療ケアが中心。入居時の初期費用は一切かからない。居住費や食費、介護サービス費は医療控除の対象となっている。減免措置の制度があり、低所得者でも利用できる。

起きてもいない被害を訴え出したり……。家を出て帰って来られなくなると、命にも関わる事態となります。その場合は、「取り返しの付かないことになる前に」と在宅生活を断念することも多いことでしょう。認知症の人が共同生活をする**グループホーム***などが代表的な受け入れ先となります。

しかし、いずれのケースでも、左へ進んでいくにつれて「いつ施設に移るか」という選択肢が迫ってくることになります。

施設がいいのか、在宅を貫くべきかについては、本当にケースバイケースなので、どちらがいいとは一概に言えませんし、どちらもお金がかかります。

「家に住むのはタダだから」と思われるかもしれませんが、痰の吸引が常時必要となったときには、看護師さんを自費で雇い、付きっきりで吸引をしなければならず、金銭的な負担は施設入所よりも多くなります。

一般的にはやはり、食事・排泄・入浴のいわゆる三大介助が必要となったり、認知症で生活を維持できなくなったとき、常時痰の吸引が必要になるなど医療依存度が高まったときには、何らかの施設に入居せざるを得なくなるといえるで

グループホーム
地域密着型サービスで、認知症の高齢者を対象に少人数で共同生活する施設。施設と同じ地域に住んでいることが利用条件。

しょう。

「自分は何があっても最後まで家に住む」と決意していても、人は脆《もろ》いものですから、入居を余儀なくされるときが来てしまう、というのが実際のところです。

そう考えると、まず施設の形態や特徴を把握し、いわゆる「終の棲家」となる施設形態に当たりを付けておく、ということが戦略として実践的といえるでしょう。最後は施設のお世話になる可能性が高いためです。

その上で、自分が「体がいうことを聞かなくなり介護が必要になる」場合や、「体は元気だが認知症が進んでしまった」場合などを想定し、その条件に合う介護のシナリオを組み、各段階でかかる費用を算出することで全体の介護費用が見えてくるのではないでしょうか。

次に②の遠距離介護についてですが、親と離れて暮らしている場合、何かあったときは、介護のための時間だけではなく、移動の時間がかかります。飛行機や新幹線を使って定期的に通うとなると、費用も嵩み、家計を圧迫するようになり、ストレスも溜まります。

いっそのこと仕事を辞めて親元に帰ろうか。それとも自分の住んでいるところに親を呼び寄せるべきか？　その場合、親は自宅に同居するのか？　それとも施設に入るのか？　どちらが正解とも限りませんが、大きな決断を迫られます。「引っ越しをしたけれど、うまくいかなかったのでまた地元に戻る」ということができず、基本的に「失敗が許されない」世界なのです。

チャートを見てもわかる通り、②の場合ではそのような重い決断が「待ったなし」で続いていきます。その都度翻弄されパニックにならないよう、家族や親族を交え、「一人で生活できなくなったらどこでどのように過ごすか」といった根本的な方針をまず話し合い、「交通費を誰がどう負担するのか」といった細かいところまで事前にきちんと詰めておくことが効果的です。

先々見通してやっておくべき「終活」とは？

兄弟がいる場合は、「誰がどのように親の介護を分担するか」、またその先の相続についてまで、話し合い喧嘩をしないように気を遣うことになります。

一人っ子の場合は、人間関係で悩まされることはないでしょうが、「自分が倒れたらもう他に頼れる人がいない」というプレッシャーがつきものです。

どちらの場合でも、常に最悪の状況を想定し、事前の策を講じておくことが重要です。

よくあるケースが、担い手は複数いたにも拘わらず、家族間で、介護の計画やお金について相談を全くしないままあるとき親が倒れ、なし崩し的に介護が始まり、近くにいた子に一方的な負担がかかってしまう……というものです。

そのまま親が亡くなり、家族の間で「私はあんなに苦労して介護したのに」「そういうお前こそ、母さんの年金で生活していたんじゃないのか」などと言い合ってトラブルになる。

そんなドラマのワンシーンを見たことがあると思いますが、そのようなことは実際にいくらでもあるのです。

それを避けるために、親が介護してくれる人に配慮して、あらかじめ別の貯金をしておくとか、兄弟同士で「お母さん基金」のようなものを積み立てておいて、いざという時にはそれを使うようにするなど、手立てを打っておけば、遺産相続のときに揉めることも少ないかと思います。

せっかく協力し合えるチームのはずなのに、話し合いをしないだけで後々まで不満が残ることだけは避けたいものです。

「〝相続〟は〝介護〟の第二レース」と聞いたら、ドキッとするでしょうか？終わりの見えない介護だけで疲労困憊するのに、そこからさらに相続という、今度はドロドロした人間関係のトラブルレースに放り込まれる……想像しただけでうんざりですね。

ですが、現場を見てきた人間から言わせてもらうと、それが実態なのです。

介護には、当たり前ですがお金がかかります。そしてそのお金のことは、親が亡くなってはじめて「清算」されます。しかし皮肉なことに、親の生前にお金のことを言うと、欲深いと思われるのが嫌なので誰も言い出せないままずっときてしまいます。

逆に言えば、介護が必要となったときに、相続のことまで見通しを立て方針を決めることが重要です。

今ある資産をどう介護に活かし、残った分を分配するかということまで含めて話し合うことをおすすめします。

ただでさえ親が死んだ時、遺族には悲しむ間もないくらい、やらなければならないことが嵐のように襲いかかってきます。

死亡届を出さなければならないし、お葬式の手配や火葬場も押さえなければならない。お墓のことも同様です。

そうした当座用立てる費用を、故人の預金から下ろそうとしても、口座が凍結されていた……ということも定番のトラブルです。

それらが一段落して、いざ遺産相続という段には、亡くなった人の生まれた時からの戸籍が必要になったり、遺産分割**協議書***には兄弟全員の署名が必要になったり、手続きだけでも大変です。

そうしたなかで、誰もが納得できる分配を話し合いで決めるというのは、よほど仲が良い親族でない限り不可能、と言っても過言ではありません。

協議書
遺産相続の手続きで必要となる「遺産分割協議書」のこと。兄弟姉妹など相続人全員で遺産をどう配分するか話し合った結果を明記した書面。これがないと金融資産や不動産などの名義変更ができず、相続手続きを進められない可能性がある。

誰もが歳をとれば介護が必要になります。

「私は健康に気をつけて、死ぬまで働くつもりです」と言っていても、思う通りにはいかないのが人生。だからある程度元気なうちに自分の希望や条件を考えておくことが大事でしょう。それは、どこでどのような暮らしを送りたいか」という段階はもちろんのこと、「今際《いまわ》の際《きわ》になったら延命措置を望むか」という、最後の最後の瞬間まで想像し、ある程度の方針を決めておくということなのです。

その意味では、元気な今のうちに考えることは精神的に辛いかもしれません。ですがその準備は後々必ず役に立ちます。

子育てなら、一人立ちするまでというゴールが明確に見えるから頑張れますが、介護が終わるタイミングは人それぞれであり、全く先が見えないマラソンなのです。

しかし、「終わりよければすべて良し」。ゴールが見えないからこそ、介護する側もされる側も、最期まで悔いなく過ごすために周到な準備をしておきたいものです。

「老後の資金など何もない！」という人も、悲観することはありません。**生活保護**＊（**生保**）の制度もありますし、行政の判断で**措置入所**＊できる施設もあります。そういった施設が劣悪かというと、必ずしもそんなことはありません。逆に入居金を何千万も取る施設でも「悪徳」と言われるところはいくらでもあります。

実際のところ、「蓋を開けてみなければわからない」「なるようにしかならない」のが介護の世界であり、それでも「なんとかなる」「なるようになる」のも介護なのです。

かしこい地域包括支援センターの利用法は？

「**地域包括支援センター**＊」（**包括センター**）は、いざという時に誰でも頼れる福祉の専門窓口です。多くの場合、行政から委託された社会福祉法人などが運営しています。

生活保護
病気やけがなどで働けない、または働き手が亡くなるなどで生活に困窮した場合、自分たちの能力や資産などを活用しあらゆる手段を尽くしても、なお生活ができない場合、国民の生存権の保障を規定した憲法の理念に基づいて最低限度の生活を保障し自分で自分の暮らしを支えられるよう、支援することを目的とした制度。

措置入所
65歳以上の高齢者で、在宅での日常生活に心身の状況やおかれている環境などの状況などから判断して、行政が養護老人ホームへの入所措置をとること。

地域包括支援センター
介護・医療・保険・福祉などの側面から高齢者を支える総合相談窓口。専門知識がある職員が、高齢者が住み慣れた地域で半分役所的な機関なので、基本的に平日の日中しか空いておらず、働いている人には利用しづらいという面があります。

そのため、一般の働いている人が普段から親しむことはなく、「親が倒れたり、認知症になるということがあって初めて駆け込む」人が多いようです。

けれども、できれば余裕のあるときにこそ、一度様子を見に行き関係をつくることをおすすめします。

目的は、とりあえず包括センターのなかにいる人たちと顔見知りになっておくこと。挨拶をして、担当者の名刺をもらっておけば、それが「いざ」というときの連絡先になるので安心です。

特に親と遠距離に住んでいる場合は、帰省したタイミングで立ち寄ってみると良いでしょう。その後も、何か気がかりなことがあったら、問い合わせや相談をして関係を作っておくことが大事です。

ただし、包括センターもピンからキリまであることは否めません。もし対応が不親切と感じた場合は、自分の地区だけでなく、隣の地区の包括センターにも足

生活できるように介護サービスや保健福祉サービス、日常生活支援などの相談に対応し介護保険の申請窓口も担っている。

を運ぶなどして見比べてみることをおすすめします。

もっとも、包括センターごとに管轄がはっきり分けられていますから、あくまで参考として見ることしかできません。その上で、自分の担当職員がイマイチと感じたときは、その上司に当たる「センター長と話がしたい」と申し出られると問題が解決するかもしれません。それでも駄目なら、直接市区町村の介護保険課などに相談に行きましょう。

「いい包括センターを教えてください」と言われることもありますが、〝そこにいる人材がすべて〟の世界なので、一概に「ここが良い／悪い」という判断は難しいです。

利用者の立場に立って一生懸命働いている人がたくさんいたら、そこは「いいセンター」ということになりますが、あくまでも行政の関連機関という点が、過度な期待ができない理由でもあります。

というのも、準公務員という立場は、安定はしていますが、基本的に給与が一律であり、「いい仕事」をすることのモチベーションが希薄であると言えるからです。

情熱のあるスタッフほど無償労働が増え、報われる機会はなく、燃え尽きてしまいがちです。「優秀な人ほど早く辞めていく」というサイクルができ上がっているといわれるのは残念なことです。

ですが、介護の仕事というのは「思い」がなければできません。たとえば、認知症の人を朝起こしに訪室したとき、ヘルパーさんが「今日はいいお天気ですね」といった一言をかけられるかどうか。

一見したところ、些細なコミュニケーションに見えるかもしれません。けれども、そのように言葉をかけることで相手の脳は何らかの反応を示し、活性化しています。毎日それを続けていると、脳が少しずつ変わってくるのです。

そういった「思い」を持ち続けて接するのと、単にマニュアル通りの介助をするのとでは、本人にとってはまったく違うものになるはずです。

けれども、今の**介護保険**＊を中心としたシステムに、その「思い」を評価する仕組みがありません。どれほど頑張って利用者に貢献しても同じ給料、同じ結果というのは、問題だと私は思っています。

介護保険
介護が必要な人を社会全体で支えることを目的に２０００年に創設された保険制度。満40歳の誕生日の前日から保険料の支払い義務が生じ、生涯に渡って保険料を支払う。介護が必要になったときに、この保険を利用することで少ない負担で介護サービスに関する様々な給付が受けられる。

将来的には、介護の現場でもいい意味での競争原理が取り入れられ、働く人たちのモチベーションが上がるような仕組みが作られるべきではないでしょうか。

政府の言い分としては「介護保険サービス」はあくまでも「保険」であり、税金と保険料を原資とする福祉事業なので、「最低限でいい」ということになるのでしょう。

けれども、そもそも「何が最低限なのか」という定義や考え方が定められていないので、予算配分の時に一番後回しにされて、どんどんサービス内容がカットされているというのが現実です。

少し話がそれましたが、私が「複数の包括センターや事業所を見てみるべき」と言う理由はそこです。

情報提供ひとつ取っても、情報に敏感な包括センターとそうでないところでは明らかな違いが表れますので、実際に自分の目で比較してみるのが確実でしょう。

良いケアマネの見分け方は？

介護認定を受けた後に、まずお世話になるのがケアマネージャー、いわゆる「ケアマネ」と呼ばれる人たちです。

ケアマネージャーの仕事とは、介護サービスのあらゆるメニューに精通し、そのなかから利用者にとって必要なものを組み合わせて提示してくれる、そして施設やサービス業者との橋渡し役になることです。

誰もが「良いケアマネのお世話になりたい」「どうやったらいいケアマネに当たるのか？」ということを望みますが、あまり大きな期待をかけないようにした方がいい、というのが私の考えです。

というのは、ケアマネージャーという職種は、分野によって担当が分かれており、介護ステージが変われればケアマネも次々に替わっていくからです。

たとえば、病気などで突然倒れた場合、まず病院に入院しますね。その後、老健に移り、その間に、**特別養護老人ホーム***（**特養**）を予約して入居したり、一度自宅に戻ったりします。空きがなくてすぐに入れない場合には、さらに順番待ちのためにグループホームなどに入るということもあります。

このとき、老健、特養、グループホーム、在宅で、それぞれ担当のケアマネが交替していきます。

いくら「このケアマネは良い人だから、私が死ぬまでずっとお願いしたい」と願ってもそれは不可能なのです。

ですので、「良いケアマネを探す」と考えるよりも「良いケアマネに当たったたらラッキー。悪いケアマネだったら替えてもらおう」という程度の意識でいた方が、楽に付き合えるでしょう。

ひとつ見極めポイントをお伝えしますと、介護サービスについての情報提供や提案が、利用者に寄り添ったものであるかどうかが、「良し悪し」のポイントに

特別養護老人ホーム
在宅での生活が困難になった要介護の高齢者が入居できる公的な介護保険施設。

なります。

毎回、マニュアル通りに同じことの繰り返しではなく、利用者の状態を見て、それに応じた提案をしてくれるか、こちらの希望や条件に耳を傾けてくれるか、先々のことまで考えて提案し、動いてくれるのか。たとえば出不精のご利用者に運動を勧めるとき、自分のグループのデイケアばかり推すのか、他事業所の訪問リハビリも選択肢として提供してくれるのか。「これしかありません」と、すぐいうようなケアマネは失格です。

そのような点をチェックすると良いでしょう。

要介護認定に不服なときは？

怪我や病気、あるいは認知症の兆候が表れて、「介護が必要かもしれない」と思ったときには、まず地域包括支援センターに連絡します。

そうすると、「要介護度」の度合いを調べる「**認定調査***」がおこなわれます。

要介護認定調査
要介護認定の申請後、市区町村の訪問調査員が自宅や入院先などを訪問して、要介護者の心身の状態を確認し、「認定調査票」の項目を本人や家族から聞き取り調査すること。

その時に立ち会う「認定調査員」は、役所の担当者である場合、民間委託のケアマネージャーである場合などがあります。

受けられるサービスが増えるので、介護を担う家族にとっては要介護の度合いが高いほど、負担は少なくなります。だから「要支援」よりは「要介護」、「要介護1」よりも「要介護2」の方が望ましいということが多いでしょう。

たとえば、骨折して入院したときに、完治したところで認定調査を受けると、当然低い度合いで要介護認定が出ることになります。介護する側の家族としては、「介護サービスを受けて、多少楽になれるはずだったのに……」とがっかりしますが、じつは入院中に認定調査を受けることもできるのです。その場合はまだ完治していないので、高い要介護度が出るでしょう（ただし、その分保険料や自己負担分も上がってしまうので注意）。

このように、「どのタイミングで認定調査を受けるか」ということは意外に大事だったりします。

ちょっとした裏情報ですが、介護する側の立場に立っていろいろアドバイスしてくれる人が地域包括センターや身の回りにいたら、大変心強いですね。地域で評判の良い病院や認知症専門の医師がどこそこのクリニックにいるなど、包括支援センターは情報の宝庫です。切羽詰まる前から関係性を少しずつ築いていきましょう。

なお、仕事と介護の両立を支援する民間の団体も幾つも存在します。情報が不足していると感じる方、**セカンドオピニオン***が欲しい方にとって心強い味方となってくれるでしょう。

ご参考までにつぎの3件を紹介しますのでホームページをご覧ください。

▼ケアラーズコンシェル

https://carers-concier.net

▼NPO 法人となりのかいご

セカンドオピニオン
症状や治療法について主治医以外の医師の意見を聞き、参考にすること。

https://www.tonarino-kaigo.org/

▼ＮＰＯ法人パオッコ（遠距離介護コミュニティ）

http://paokko.org/

「要介護1の認定をもらったけれど、日頃接している目からすればもっと重いと思う」「今の認定のままでは、十分なサービスが受けられず本人も家族も負担が大き過ぎる」。

そんな不服があるときには、認定の区分変更を申請することができます。

そのときに相談に乗ってくれるのがケアマネージャーで、すぐに動いてくれたら「いいケアマネ」と言えるかもしれません。

あれこれと理由をつけて協力を渋るようなケアマネの場合は、担当を替えてもらった方がいいでしょう。

終わりの見えない介護と向き合うための心得
〜これが最悪の取組み方〜

介護するお子さんや家族の立場の方に、まず言いたいのは「自分を犠牲にしてはいけない」ということです。

最も大事なものは仕事であり、ご自身の人生です。介護のために仕事を辞めてはいけません。

真面目な人ほど「今まで何もしてこなかったのだから、ここで親孝行しなければ」とか、「自分が献身的に介護すれば、きっと回復するはず」などと思い、使命感を持って介護に没入してしまいがちですが、先ほども言ったように「なるようにしかならない」のが介護なのです。

自分の才覚と努力頼みで、順調にキャリアを積んできた人に見られる傾向ですが、介護は本当に思い通りになりません。

仕事のように目標を立ててそれに向けた努力をしても、いい結果が出る保証はないのです。

〈ケース1〉

Aさんという男性の社会人がいました。

遠方に住む一人暮らしの母親が認知症になったと聞いて、Aさんは「母の認知症を治す」ために仕事を辞め、実家に戻りました。

同居を始めてからは、まるで業務のように「午前中はリハビリ、午後は散歩」等と綿密なスケジュールを立て、「母にとって最高のケアマネージャーに頼みたい」と言ってあらゆる関係者に当たり、情報を求めました。

けれども、お母さんはなかなか思い通りに回復しません。Aさんの思いは空回りし、ケアマネや施設関係者に自分の思いをぶつけましたが、**カスタマーハラスメント***のような状態になり、地域でも孤立していきます。

イライラが高じて、母親に手をあげてしまったAさんは、ついに周囲の事業所から虐待として通報されてしまいます。

カスタマーハラスメント 介護を受ける利用者やその家族が介護士や施設職員へ暴言・暴力行為や性行為を強いるなどの嫌がらせ行為。

お母さんは役所に保護され、Aさんから引き離されて、施設に入所することになりました。お母さんには、裁判所が選んだ弁護士が**成年後見人***として付き、財産等を含めて一切の管理が任されることになりました。

ケース1でAさんの失敗は、自分の人生をお母さんの介護に懸けてしまったことにあるといえるでしょう。

そこまでして犠牲を払ったのに、思い通りにならないと、相手に対する怒りや恨みが出てしまう。これは介護で一番悲しい落とし穴だと思います。

成年後見制度については、さまざまなトラブルもあり、「弁護士が横領」等というニュースで世間を騒がせることもありますが、これは人間が作った仕組みですからすべて完璧というわけにはいきません。

しかし、「高齢者の財産管理や身の回りのことについて、身内だけを頼らないようにする」というコンセプトの裏にあるのは、介護や相続に関わる身内のトラブルがいかに多いかということを示しているともいえるでしょう。

成年後見人
認知症や精神障害、知的障害などが原因で判断能力が不十分になった人をサポートする役割を持った人。配偶者や子ども、兄弟姉妹など本人の親族、弁護士など。

私が弁護士として、相談に来られた方に「まずは家族や親族と話し合ってください」とよく伝えるのは、介護保険の制度やケアマネさんをいかに上手く使うかという議論以前に、まず身内と揉めないことが大前提であると思うからです。

どれほどいいサービスを受けて、素晴らしいケアマネさんに担当してもらっていても、ある日突然疎遠だった兄弟姉妹が現れ、認知症の親御さんを連れ去ってしまった、などという話も実際にあるのです。

できる限り親が元気なうちに、介護や相続に関する話題をタブーにせず、親族間でよく話し合うことが理想です。

第1章のまとめ

・まずは近距離／遠距離のパターン別に介護の流れと全体像をつかみましょう。
・どのような施設に、自分がどうなったら入居するか考えておきましょう。
・相続まで見通しを立て、早め早めに家族間で介護のことを話し合っておきましょう。
・切羽詰まる前に、地域包括支援センターと関係を作っておきましょう。
・利用者に寄り添ってくれるケアマネがいいケアマネです。
・要介護認定に不服なときは区分変更を申請しましょう。
・介護のために仕事を辞めてはいけません。

コラム

ヘルパーになって学んだこと

私が2009年に自分の事務所を開いた場所は、「おばあちゃんの原宿」として有名な「とげぬき地蔵」のある巣鴨です。家賃5万円のワンルームを借りて始めましたが、どこもそうかもしれませんが最初はお客さんも来ず、暇でした。

その時の空いた時間でヘルパー2級（現「介護職員初任者研修」）の資格を取りました。3ヵ月ほど、介護の専門学校に通い、その間は平日朝から夕方まで授業を受けます。

受講生は子育てが一段落した主婦や現役の介護士の方が多く、男性は私一人でした。授業では食べ物を食べやすく刻んで食事介助の練習をペアでおこなったり、シーツ交換の方法など基本的なものから、ベッドに寝たままの状態で洗面器を使い洗髪する方法も習いました。

私は学生の頃始めた手品を趣味としており、その頃から介護施設へお邪魔してボランティアで手品をしていました。純粋に好きで素人芸をご披露していたのですが、ヘルパー学校で知り合った受講生の方が施設を紹介してくれ、そこで手品をご披露したところ、たまたまその施設の会長がご覧になっていて顧問契約をしていただく……という、わらしべ長者のような嬉しい出来事もありました。

資格を取った後、「せっかくなので現場を経験したい」と思い、スタッフ募集していた近所の訪問介護ヘルパーステーションに登録しました。そのステーションは残念ながら一年ほどで閉鎖してしまい、ヘルパーとして活動できた期間も短かったのですが、貴重な経験をさせていただきました。

私が初めて担当したのは、古い5階建てのアパートにお住まいの利用者を、車いすごと階段で地上まで降ろし、デイサービスの迎えにおつなぎするというものでした。このアパートはエレベーターがなく、人力で上り下りするしかなかったのです。

東京という大都市に住みながら、身体が不自由になると文字通り「陸の孤島」に取り残されてしまうという現実を目の当たりにした思いでした。

朝ご自宅へ伺い、ベッドから起こし、デイサービスの施設内で履く上履きを履いていただきます。そのまま車いすに移り、玄関を出て階段まで進みます。そこから二人がかりでお神輿のように前後で持ち上げて降りていくのですが、一段ずつ足場を確認しながらゆっくり降りていきます。下の担当である私は後ずさりしながら降りるので、余計に緊張します。

階段を踏み外すと、ご利用者も我々ヘルパーも大けがをしてしまいます。らせん階段で方向転換する場所も多く、気を遣いました。足・腰・腕の力に加え、常に神経を張り巡らさなければならない仕事でした。

ある秋の小春日和の日、デイサービスの車が到着するまでの束の間の時間に、そのご利用者は先輩ヘルパーと歴史小説の話などをしていました。

私は恥ずかしながら読書家ではなかったものですから、会話に入ることもできず手持無沙汰で隣にいたのですが、ふと前を見ると真っ赤な紅葉が茂っており、塀の外側にも数葉落ちていました。

今振り返っても、まるで小学生のような単純さですが、私はそのとき「きれいだな」と思い走っていってその一葉を拾い上げ、何の気なしにご利用者にお渡ししました。その時は「きれいね」と喜んで頂けました。

後日ご自宅に伺ったとき、枕元に乾燥した紅葉が置いてあるのを見つけました。それを見て私は「もしかしてあのときの紅葉をこうして大事にとっていてくださったのかな」と驚き、「そうだとしたら、こんな小さなことで喜んで頂けるなんて」と、とても温かい気持ちになりました。

こうしたご利用者との心の交流が、介護現場で働く一番の醍醐味なのかもしれないと思いました。

ヘルパーとして働いていたとき、特に気をつけていたのは、「事故を防ぐ」ということでしたが、学校で習った知識とは別に、現場では思いもよらぬことが起こるものです。毎回が「ぶっつけ本番」で戸惑うことも多くありましたが、こうした「介護のリアル」を体験できたことが、いま「介護弁護士」として当事者の話を聞いたりする上で、どれほど役に立っているか分かりません。

第2章

家族介護って思った以上に大変！

家族内介護編

敵は身内にあり！　親族間で対立したときは？

介護にまつわる家族のトラブルで一番多いのは、やはり遠距離で暮らしている子どもと親のケースです。

〈ケース1〉

ある時、東京在住の女性、B子さんが相談に見えました。

B子さんには車で2〜3時間の場所に暮らしている89歳の母親がいますが、兄夫婦が一緒に住んでいます。B子さんは、東京で夫と二人暮らしです。

その兄が「母の認知症が進んできて、だんだん面倒を見るのが大変になってきたから、施設に入れたい」と言い出したのだそうです。けれどもそれには反対だと言い張るB子さん。

　彼女の言い分はこうです。

「兄夫婦はずっと家賃も払わずに実家で暮らして、楽をしてきたのだから、介護くらいするのは当たり前」。

　けれども兄夫婦にしてみれば、こういう思いがあります。

「同居は外から見えるほど楽ではない。ここまで親の面倒を見てきたけれど、出かけたい時に自由に外にも行けず、家に縛られてきた。

　今も年寄りの好みに合わせて食事を作ったり、介助したり、話し相手をするのも、毎日のこととなれば大変なのだ」。

　このような気持ちのすれ違いが、小さなきっかけで爆発してしまったようです。

「お兄さんたちはお母さんを厄介払いして、家を自分のものにしたいんでしょう」と、決定的なひと言まで口にしてしまいました。

B子さんのような相談は、典型的なケースと言っていいでしょう。

私はB子さんに「お兄さんのところやご実家には頻繁に行き来していましたか？」と聞きました。

すると「子どもが小さいころは、孫の顔を見せに年に何回か実家に帰っていたけれど、ここ数年は年一回程度、それも日帰りです」との答えでした。

それでは、実家に同居するお兄さん夫婦の苦労はわからないかもしれないな、と私は思いました。

昔は、盆暮れに帰省する習慣があって、親族が定期的に顔を合わせる機会がありました。

そういう習慣がだんだん薄れていくなかで、コロナがそれにとどめを刺してしまったように思います。

50〜60代の頃のおじいちゃんおばあちゃんならば、一緒に住んでいれば子育てを手伝ってもらえたりすることもあったかもしれません。

それがB子さんから見たら「お兄さんたちが楽をしている」ようにも映ったのでしょう。

けれども、最近の様子を見る機会が少なかったら、「施設に入れるなんてひどい！」と、一方的な見方をしてしまいがちです。

もう少し行き来や連絡が頻繁であれば、「お母さんたちはうちで預かるから、たまには旅行にでも行ってきたら？」というような心遣いもできたのかもしれません。


「介護」に正解はありません。

「何をしてあげるのがいいのか」は、本人の要望を聞いて、それをあくまでも自分が可能な範囲で叶えてあげることだと思います。

おじいちゃんやおばあちゃんのお葬式で、子や孫たちが「もっとあれもこれもしてあげたかった」と泣いていることがありますが、「してあげればよかった」

と思うことのほとんどは、「自分がしたかったこと」だったりします。

亡くなった方が、本当にそれを望んでいたのかは誰にもわかりません。

高齢になった親御さんや大切な人が遠距離に住んでいて、二度と会えなくなった時に後悔しそうだったら、元気なうちに頻繁に顔を見せてあげたほうがいいかもしれません。


話をB子さんに戻しましょう。

こじれてしまった関係を修復するのは簡単なことではありませんが、B子さんは少しでも距離を埋めたいと思い、自分の非礼を心から謝罪しました。

最初は怒っていたお兄さんたちもB子さんの態度を見て思い直し、これからはお互いの立場や気持ちに配慮しながら、話し合おうということになりました。

冷静に話してみると、B子さんにも兄夫婦が今までしてくれたことや苦労がわかってきたのです。

高齢になったお母さんが骨折したときは家に手すりをつけ、階段をスロープにしたこと。認知症が進むなかで、夜中に叫び出して困惑したことなど。

Ｂ子さんが勇気を出してお兄さん夫婦に歩み寄ったことで、断絶しそうになっていた兄妹の絆が戻り、Ｂ子さんは「こんなことならば、お兄さんたちがお母さんを施設に入れたいという気持ちもわかる」と言いました。

私はＢ子さんに「お母さんの気持ちはどうなんですか？」と聞いてみました。一番大事なのはご本人の気持ちだからです。

認知症もあるお母さんは「わからない」と言うばかり。

けれども、二つの家族同士がつながることで、突破口が見つかりました。

それは、担当のケアマネが紹介した医療機関が認知症に詳しくなく、効果の薄い薬を処方していたことがわかったからです。家族はお母さんを認知症専門の病院で受診させ、それ以降状態も明らかに良くなりました。

こうしたことは決して珍しくありません。ケアマネージャーという職種は、福祉の分野なので医療のことにそれほど詳しいわけではなく、認知症の初期症状を見落としてしまうこともあるからです。

まれに看護師経験のあるケアマネさんもいますが、そういう場合は早い段階で、**認知症外来***など専門の医療機関への連携がスムーズであることが多いと聞きます。

「お母さんを施設に入れる／入れない」で揉めていたB子さんたちは、もう一度包括センターに相談することから始め、より多くの選択肢が視野に入るようになったのです。

また、介護についてもふた家族で協力し合う体制ができたことで余裕が生まれました。今はもう少し時間をかけて情報を集めながら、より良い選択を模索しているということです。

***認知症（物忘れ）外来**
老化に伴う正常な「物忘れ」か「認知症」かを区別し認知症を早期発見し治療するための外来。主に総合病院に設けられている。

介護の沙汰も金次第？　良い特養に入るための裏ワザはある？

「自宅で介護できないからどこか施設に入れたい」ということになったとき、特養（特別養護老人ホーム）への入居が一般的ですが、どこの施設がいいのか、どうしたら入れるのかがわからなくて、困ってしまう人は多いようです。

まずは地域包括支援センターを通して申し込むというのが一般的ではありますが、前にも言ったように、「土日や夜間に対応してもらえないので相談にも行けない」というのが平日に働いている人たちからすると不満でしょう。

パソコンやスマートフォンでようやく特養の情報へアクセスできたとしても、人気の施設は「空き待ち」が多くてなかなか入れないと言われています。

申し込んだときには「10人待ち」とか「20人待ち」という状態になっており、その結果、自宅介護が長引いて疲弊し、共倒れになってしまう。

あるいは、思いあまって仕事を辞めたために収入が絶たれ、八方塞がりになってしまう可能性もあることは、皆さんもご存知の通りです。

財産があり余っているならば、質の高い有料老人ホームに入るなど、お金で解決できることは多いでしょう。

もちろん高ければ何でもいいというわけではなく、謳い文句やパンフレット、設備ばかりは立派でも、医療的ケアや病院搬送など、肝心のサービスがお粗末なところがあるので、施設選びは十分に検討の上でおこなうことが大事です。

「なるべく介護保険の範囲で」と、特養を希望する人にとっても、入居待ちの間、有料老人ホームやグループホームを利用することもあるかもしれません。

特養を見学するときに参考になる大事なことは次の3つです。

1、情報収集は早めに着手する

たくさんの施設を見学することも大事ですが、見学だけではわからないことも多いものです。

「早めに」ということに関しては、本人の意向が反映できる時期から施設選びについての条件を話し合っておくことも含まれます。

経験者に話を聞いたり、実際に体験入居をしたり、さまざまな角度から検討しましょう。

2、紹介業者に頼り切らない

無料の紹介業者は、成約時のバックマージンでビジネスを成立させています。

こちらが気乗りのしない施設をゴリ押しする担当者などは論外ですが、宣伝文句を鵜呑みにしたり、「お任せします」と業者さんに丸投げしたりせずに、あくまでも参考程度の情報収集としてお付き合いしましょう。

3、見学するときは、特定の人の印象に囚われない

施設を見学するときに、説明してくれる担当者と意気投合したとか、働いているスタッフで好感の持てる人がいたからという理由で決めてしまうのはおすすめできません。

なぜなら、組織で働いている以上、そのスタッフが異動したり、退職したりすることはよくあるからです。

さらに、企業体が運営する施設の場合には、会社ごと変わってしまうことも珍しくありません。

施設見学で見るべきポイントとは、「施設全体の雰囲気」です。疲れた表情のスタッフがいないか、すみずみまで清潔にしているか、悪臭はしないか、手のかかる人にも分け隔てなく丁寧に接しているか、といったことです。また、究極の質問ですが、施設長や担当の人に「あなたはここの施設にご自分の親を入れたいですか？」「ご自身は入りたいですか？」と聞いてみるのもいいでしょう。

曇りのない表情で自信を持って「はい」と答えられるか、「実際にスタッフの親御さんがここに入居しています」などという答えだったら、安心できるかもしれませんね。

気に入った特養を見つけたら、まずはそこを運営している**社会福祉法人***（**社福**）のグループ事業所である**デイサービス***や**ショートステイ***を利用しておくという手が考えられます。

複合型といって、特養の建物のなかにさまざまなサービスが入っている場合が

社会福祉法人
社会福祉事業を行うことを目的として設立する民間企業。社会福祉事業としては更生施設、支援施設、児童福祉施設（保育園）、高齢者福祉事業など。

デイサービス
「通所介護」といわれるもので、利用者は日中介護施設に通い日帰りで介護サービスを受けられる。要介護度1〜5の人が対象。

ショートステイ
自宅での介護が仕事や病気などで一定期間できなくなったとき、その期間だけ在宅介護を受けている高齢者を老人ホームや介護施設が受け入れること。

ありますが、デイを使い馴染みになっておくことで、入居手続もスムーズになることでしょう。

入居先が決まらず、先の見えない不安に押しつぶされそうになる時もあるかもしれませんが、どうか悲観的にならないでください。切羽詰まったときは、**緊急ショートステイ***といって優先的に施設を利用させてもらえる制度もあります。

「なんとかなる」「なるようにしかならない」という心構えで、ひとつひとつ進めていきましょう。

緊急ショートステイ
利用者の状態や家族などの事情により、ケアマネージャーが、短期入所生活介護（ショートステイ）を緊急におこなうことができる。

親が勝手に高額商品を契約！　どうしたらいい？

親御さんとは離れて暮らしているCさんのケースです。

〈ケース2〉

ご両親はそれぞれ80歳前後、Cさんの家から電車で30分程度の場所に住んでいますが、まだまだ元気だと思っていたので、普段はそれほどひんぱんに行き来することはなかったと言います。

電話したとき、たまにお父さんとの会話がチグハグだったり、お母さんに何か聞いてもポイントがずれた答えが返ってきたりするのが気になってはいましたが、認知症というほどではないと思い、特に口出しはしませんでした。

しかし、久しぶりに実家を覗いてみたら、屋根一面にソーラーパネルが貼られていてびっくりした。

と、慌てて相談に来られました。

よく聞くと、家を訪ねてきた販売員の人に「家計節約と環境のために」とすすめられて200万円で契約したとのこと。

契約はひと月も前だったので**クーリングオフ**[*]は効かず、結局そのままになりましたが、Cさんは「なぜ一言の相談もなしにそんな高いものを」と訝《いぶか》しがります。

「以前の慎重な父ならば、そんなことは絶対にしなかったはず。これも加齢によ

クーリングオフ
訪問販売や電話勧誘販売など、特定の商売の方法について、いったん締結をした場合でも、契約を再考できるようにし、一定の期間であれば無条件で契約の申し込みを撤回したり、契約を解除したりできる制度。

る衰えなのかもしれません。振り込め詐欺の手口が巧妙化しているということもニュースなどで聞きますし、今後のことを考えて、何か手立てを打っておきたいのですが」ということでした。

このような話はよく聞きます。高額な浄水器、家のリフォーム、高級羽毛布団など、詐欺まがいの商法もあり、特に高齢者が狙われています。

もちろんあらかじめ気をつけておくべきですが、離れて暮らしている場合、「気がついたときには取り返しがつかなかった」というケースも少なくありません。

もしも引っかかってしまったら、まずはクーリングオフできるかどうかを確認しましょう。

これは高齢者に限らず、誰にでも適応される制度です。

けれども期間制限などの条件もありますので、その場合には民法の「詐欺」や「錯誤無効」、「強迫」、意思無能力などの規定に基づいて、契約を破棄する方法を考えることになります。

しかし、Cさんのように「今後はこのようなことがないように」と予防するには、やはり「余計なお金を持たせないようにする」ことが必要かと思います。

これを実現する法的な手段が「成年後見制度」であり、これは「法定後見」と「任意後見」があります。

「法定後見」は、後見人がつく高齢者ご本人（被後見人といいます）が、認知症等で判断力に支障が出た後に家庭裁判所に後見人の選任を申し立てる制度です。家族が後見人に立候補できますが、最終的には家裁が決定します。親族間でトラブルがあったりすると、弁護士や司法書士などの専門家が自動的に選任されてしまうこともあります。また、後見人が一度選任されると、お金を使い込むなどよほどの不正がない限りこちらからの申し立てで後見人を変えることができません。

法定後見人と相性や考え方が合わなくてトラブルになるケースもよく聞きますが、今のところこれについてはどうしようもないのが現実です。

一方の「任意後見」は、ご本人がまだ判断力があるうちに、将来後見人になる人と契約を交わし、認知症が始まった段階で正式に後見人に就任する、という手続です。こちらは、家庭裁判所ではなく公証役場というところで契約を交わします。法定後見と異なり、後見人になる人を確実に指名できるのがメリットです。ただし認知症等になる前でなければできない制度なので、早めに対処できると良いでしょう。

Cさんのケースでは、ご両親はまだ認知症の診断を受けていないということでしたので、息子さんであるCさん自身がご両親の「任意後見人」（認知症になる前の段階では、財産管理等の委任契約）となって、ご実家の財産、預金通帳や印鑑、家の権利書などを預かり管理することが考えられます。そうすれば親御さんが大きなお金を動かす等、財産が流出することはなくなります。

普段の家計については、たとえばあらかじめ決めた金額を、毎月Cさんから渡すようにし、今後また「どうしてもこれが欲しい」というものがあるときには、必ずCさんに相談することにすると良いでしょう。

これで、ご両親が詐欺などの被害にあう確率は大幅に減るでしょう。

「老いらくの恋」応援したいけど、どうみても財産狙い……？

最近では高齢者の間でも再婚や新たなパートナーシップを求める人も増えているようです。

そうした人たちを対象としたお見合いパーティーやサークルなども盛んで、年齢には関わらず、幸せな人生の再スタートを切っている人たちもいます。

人間ですから、何歳になっても「ひとりは寂しい」「幸せになりたい」と思うのは自然な気持ちだと思いますが、家族から見ると「危なっかしい」「本当に大丈夫なの？」と心配になるものです。

「**ロマンス詐欺**＊」「**後妻業**＊」といったトラブルや事件が取り沙汰されている昨今では、いくら親自身が幸せそうでも、素直に喜べないのは仕方のないことかもしれません。

ロマンス詐欺
主にインターネット上の交流サイトなどで知り合った外国人が相手を言葉巧みに騙して、恋人や結婚相手になったように振舞って、金銭を送金させる特殊詐欺。

後妻業
資産を持つ高齢者を狙って後妻となり、遺産相続をすることを目的としている。

日本の法律では、結婚も養子縁組も、書類ひとつでできてしまいます。役所に届け出るだけで、様式を満たせば受理されてしまうので、認知症であったとしてもあっさり認められてしまうことが多いのです。

そこに目をつけ悪用した結婚詐欺や養子縁組などもあり、最悪のケースとして殺人事件なども起こっています。


「どうしたら防げるか」という問いに正解はないのですが、ひとつ言えることは、こうした事件の根底には、やはり「心の隙間を埋めたい」という欲求を抱えた高齢者の姿があり、その隙間とは寂しさから来ているということです。

特に一人暮らしの男性は、家に引きこもりがちになるので、包括センターとも相談して、地域の交流の場に連れ出してもらうとか、**民生委員***の方につないでもらって見回りで立ち寄ってもらうとか、孤立させないように、そうした働きかけを頼んでみると良いでしょう。

一番効果的なのは、やはり「社会での役割」を持つことです。小学生の通学見守りやごみ拾い、ペットの世話など、何でも良いので自分の果たすべき社会的責

民生委員
民生委員法に基づき、厚生労働大臣から委嘱された非常勤の地方公務員。任期は３年、無給でボランティアとして活動する。地域住民の一員として、担当区域で住民生活のさまざまな相談に応じ、行政をはじめ適切な支援やサービスのつなぎ役としての役割や、高齢者や障がい者世帯の見守りや安否確認など重要な役割も担う。

任＝仕事があれば、生活にも張り合いが出るのではないでしょうか。

私が「遠距離に住んでいる人ほど、親御さんが住んでいる場所の地域包括支援センターとは早い段階からつながっておくようにしてください」とお伝えするのは、担当者とある程度知り合いになっていれば、こうしたお願いがしやすいからです。

ある日いきなり電話をして「○○町の△丁目に私の父親が住んでいるので、様子を見てきてくれませんか？」ということは頼みづらいでしょうし、担当者も困惑するかもしれません。

しかし、前もって顔を合わせて状況を伝えておけば、「以前そちらに伺って、誰々さんの名刺をいただいた者ですが、じつは〜」と切り出せば、ずっと話はスムーズにできるはずです。

施設に入ることになったのはいいけど、虐待とかが心配です……

「十分に検討して、納得した上で、認知症の親を、施設に入れることにしましたが、目の届かないところで虐待などされないか、心配です」。そんな言葉を聞くこともあります。

ニュースなどの報道で、介護現場での事故、事件などがショッキングな形で取り上げられると、そんな気持ちになってしまうこともあるでしょう。

けれども、それを過度に一般化して不安に陥る必要はありません。

施設選びの際に見学するときに、私は「介護スタッフが疲れた表情をしていないかをチェックしてください」と言いました。

それは、毎日の疲れが放置されることで蓄積され、イライラが高じることで、結果的に利用者に当たってしまうということがあるからです。

だからこそ、管理者や運営団体にはそうなる前の対処や、スタッフがそんな状態に追い込まれないような勤務体制を作ってもらわなければなりませんし、スタッフを劣悪な労働環境に追い込んでいる施設を選ばないようにしたいものです。

また、「病院では当たり前のように身体拘束がなされていたのに、施設に移ったとたん「車いすに安全ベルトはできない」と言われて戸惑った」と話してくれた人もいます。

家族から見れば同じ「身体拘束」ですが、これは医療機関でおこなわれるケースと介護施設でのケースではまるで意味合いが違います。

病院などの医療機関には、ピンポイントで病気を治すという目的があり、そのために拘束が認められてきたという歴史があります。そのため今でも、病院では拘束は比較的緩やかに認められる傾向があります。

しかし介護は、日常的なものでずっと続くものですから、人権が重視され、拘束は最低限であるべきだという考え方がされています。介護施設では身体拘束は厳しく制限されます。

けれども、拘束をしないことで事故のリスクは高まってしまいます。

たとえば、人権を尊重して拘束を避けたとしても、安全ベルトを付けずに車いすから転落してしまったのでは本末転倒ですね。

また、胃ろうや経管栄養を導入しているときに、それを嫌がって抜いてしまうことがないように**ミトン***をすることは、医療現場では「当然」と考えられることが多いですが、介護施設では基本的にご法度です。しかし、その結果「どの施設でも、事故が起きると困るから経管栄養の利用者は受け入れてもらえない」という本末転倒としか言いようのない状況が生じているということもあります。


「**医療法人***が運営している施設だと、安心ですか？」という質問を受けることがありますが、実際にはそうとも言い切れません。

高齢者の病気や症状はさまざまですが、施設長が医師だからと言って、すべての診療科目、特に高齢者の医療に精通しているとは限らないからです。

また、施設内の設備は限られたものになるので、検査も専門的なことはできないので、重大な疾患を見落とすことが少なくないのも実態です。

ミトン
介護用ミトン手袋。おむつやリハビリパンツを外したり、排便を手でいじったり、自分の身体を傷つける自傷行為や点滴の管を抜いたりなどの問題行動が見られる場合に、主に医療現場で使われるもの。指のないのっぺりとした手袋。

医療法人
病院、医師もしくは歯科医師が常時勤務する診療所または介護老人保健施設を開設することを目的として、医療法の規定に基づき設立される法人。

医療は『非日常』であり、介護は『日常』を担当します。本来はどちらの分野が上か下か、ということはないのですが、何となく「医療が上」ということになっているように感じます。このことによって、現場が混乱していることも少なくありません。

たとえば「摘便」という処置があります。便秘の人の肛門から便を掻き出す行為ですが、これはれっきとした医療行為であり、介護職にはできません。ところが現場では看護師が、介護職に摘便をするよう求めるといったことがあります。そして介護職が断ると「こんなこともできないの」と罵《なじ》られたといいます。「こんなことは看護師の仕事ではない」とおむつ交換などの介助を手伝わない看護師もいると聞きます。「介護職は看護師より位が低い」と思い込んでいるような人も、残念ながらいるようです。

「医者だからと言って過信するな」と言うつもりは毛頭ありませんが、たまに診察を受ける医師よりも毎日介護をしてくれている現場のスタッフの方が、利用者のことをよく理解しており、体調や異変に敏感に気がつくこともあるのです。たとえば便の出が悪いご利用者で、施設では下剤を多量に投与していましたが一向に改善せず、病院で精密検査をしてみたら腸閉塞だった……ということがありましたが、現場の介護士さんはいち早く異変に気づいていました。

医師も看護師も、介護士もケアマネも、それぞれがお互いを尊重し合いながら、利用者のために自分の役割を果たす。そんな介護の現場が増えていくことを願っています。

第2章のまとめ

・親族間でよく話し合い、見えない相手の苦労を知りましょう。
・付随するデイサービスやショートステイを利用することで、特別養護老人ホームへの入居がスムーズになる場合があります。
・「法定後見」と「任意後見」の二種類の後見制度で詐欺から親の財産を守りましょう。
・社会とのつながり、社会での役割があると生活に張り合いが生まれ、トラブルにも巻き込まれづらくなります。
・現場職員の関係が良好な施設を選びましょう。

コラム

介護スタッフのここがすごい！　認知症の利用者に魔法をかける

介護の現場で、認知症の人たちが思いもよらぬ行動をとるなかで、臨機応変に対応するスタッフに脱帽することもしばしばです。

とあるSNSで見かけたエピソードですが、認知症の男性が介護スタッフに「タバコをくれ」と言ってきたそうです。しかし、喫煙はお医者さんに止められています。

あなたがスタッフの立場ならどうしますか？「いけません」と言うのは簡単ですが、それでは冷たい印象ですね。

このスタッフは、手近にあった付箋を一枚取り出し、それを筒状に丸めて手渡したそうです。すると、そのおじいさんはそれを手慣れた調子で咥えたので、すかさずボールペンを差し出し、カチカチ。するとお爺さんは美味しそうに吸った……ということです。

認知症というものはなってみなければどのような感覚か分からないものですが、もしかするとおじいさんにとっては本物のタバコの味がしたかもしれません。

「タバコなんて、ダメですよ」と杓子定規に言うよりも、ずっと粋で、おじいさんも幸せな気持ちになったことでしょう。

そんな風に相手の目線、真のニーズに合わせた粋な対応は、遊び心にあふれており、まさに「魔法」と言っても過言ではないと思います。

けれど、この発想は心に余裕がないと生まれないものです。

この「魔法」は、安全・安心に働ける環境があり、その仕事にやりがいが感じられてこそ生まれるものであると思います。そのような、現場のささやかな「マジック」を大切にしていきたいですね。

第3章

家に帰れたはいいものの

在宅介護サービス編

介護保険の世界にようこそ。できればあまりお世話にならず「ピンピンコロリ」でいきたいものですが、そうも言っていられない現実があります。

複雑怪奇なこの世界に足を踏み入れるとき、最初に出会う専門家であり、心強い水先案内人となるのが、ケアマネージャー（ケアマネ）です。

ケアマネの主な仕事は、ケアプランという介護の計画書を作り、訪問介護やデイサービス等の事業所と連携しながらサービスを組み込み、利用者の生活をコーディネートし支えていくことです。

入院が長引いたり施設に入所すれば担当から外れてしまいますが、在宅で初めて介護をすることになる家庭にとっては大変心強い相談先となるでしょう。

しかし、ケアマネにも当然良し悪しはあります。それは、単純に知識や経験が豊富か否かではありません。その簡単な見極め方をご紹介しましょう。

介護費用は安ければ安いほど良い？

介護保険は原則1、2割負担でさまざまなサービスが使える便利な制度ですが、その分制約もあり、後述するようにヘルパーの食事づくりでいえば利用者以外の家族の分まで作れない、といった制約があります。

そのため、場合によっては介護保険を使わず自費でサービスを受けた方が制約なく「望みのまま」の介護が受けられる、ということもあります。

家庭によって介護のニーズや考え方は違うでしょう。どれだけ介護にお金を使えるかという経済事情も異なります。

ところが、ケアマネによっては「利用者の負担は少ないほどよい」と思い込み、自費サービスを敬遠し介護保険の範囲内でサービスを組もうとする人もいます。

そのような場合はかえって自由な選択を妨げてしまいます。

ケアマネ向けの研修のなかで「隣の人に〝おいしいカレーの作り方〟を説明する」というミニワークがありました。

あなたならどうしますか？

レシピを必死に思い出し、「まず野菜を切って、炒めて……」などといきなり具体的な説明を始めてはいないでしょうか？

正解は、「まず相手にどんなカレーが好みかを聞く」でした。

辛口が好きか、苦手か、どんな具材が入っているといいか、あっさりしたスープ仕立てか、コクのあるルータイプか……

好みは人それぞれなので「おいしい」の定義が違うわけです。それは相手に聞かないとわからないので、「まず聞く」こと。

それが何より大事ということを学ぶワークなのです。

介護に関して「この人は**リハビリ**＊が必要だろう」と勝手に決めつけ押し付けるようなことがあったら、どんなにサービス自体が優れていたとしても、それはその人にとっての「いいケア」とは言えません。

また、リハビリひとつとっても、自分で**デイケア**＊に通っておこなうタイプもあれば、自宅に療法士や看護師が来ておこなう在宅のサービスもあるので、どちらが相手に合っているのかは、やはり本人に聞かなければわからないのです。

ところが皮肉なことに、知識や経験が多いケアマネほど、自分の選択に自信を持ち、「この人にはこのケアで決まり」と即断してしまう傾向があります。

ひとくちに高齢者と言ってもいろいろです。しっかり受け答えができる人、認知症が進んでいる人、精神的に不安定な人……。

どんな状態であれ、寄り添いながら、相手がどう考えて、何を望んでいるのかを聞き出すために信頼関係を築くところから始めなければなりません。

心を閉ざした利用者にあの手この手でアプローチし、好きな音楽を知ってから

リハビリ
リハビリテーションの略。高齢者のリハビリは①寝たきりや要介護状態を予防するもの、②疾病の治療とともに早期に開始する急性期のもの、③急性期から機能回復を目指した回復期リハビリへのスムーズな移行、④地域との連携が重要な維持期リハビリ、など各自の状態によって受けるリハビリは異なる。

デイケア
通所リハビリテーションのこと。要介護者が老人保健施設や病院、診療所などへ日帰りで通い、生活機能向上のための訓練や食事、入浴などの生活支援を受けるための施設。

はいつもその曲をかけて訪問するという手練《てだ》れのケアマネさんもいました。

つまり、「よく質問をして、こちらの話をじっくり聞いて、コミュニケーションがとれる人」が良いケアマネといえます。

ケアマネはいつも忙しくしており、一人ひとりのご利用者と向き合う時間が取れないこともあるかもしれませんが、少なくともそのように心掛けていてほしいものです。

もしうまくいかないと感じたら、ケアマネを交替してもらうことは事業所内でも可能であり、もしくは事業所ごと替えてしまうということもできますので、ストレスを抱えながら付き合う必要はありません。

ケアマネは便利屋さん？

たとえば平日の日中に、一人暮らしの親御さんが「熱があるみたい。具合が悪い」と自宅から電話してきたとします。あなたは仕事中で手が離せません。そんなとき、ケアマネに連絡して「心配なのでちょっと様子をみてきてくれませんか」と頼むことはできるものでしょうか？

答えは、ＮＯです。

ケアマネの仕事は、あくまで各事業所と連携調整しケアプランを回していくこと（ケアマネジメント）なので、基本的に自分がヘルパーのように利用者のために動くということはできないのです。

ケアマネは月に一度は訪問して状況をチェックしてくれます（モニタリングといいます）が、「そのついでにトイレットペーパーを買ってきて」などと頼むこともＮＧです。

たとえば、利用者が急変し倒れていて、ケアマネしか傍にいない……といった切羽詰まった状況であれば、当然ケアマネも１１９番通報等の対応をします。しかし、普段の通院の送迎であればケアマネとして対応はできません。

ただ、「ケアマネに電話相談してはいけない」ということではありません。メール等の手段もあるので、気になることはすぐ報告相談すると良いでしょう。

利用者のなかには、ケアマネをまるで便利屋のようにとらえる人もいますが、とても高度な技能を持つ介護のプロであるということを踏まえて、お互いリスペクトできる関係を築いていきたいものですね。

生活の安全を支える、福祉用具をどう使ったらいい？

介護する人にとっても、される人にとっても、その生活を陰で支えてくれる力強い味方、それが住宅改修や**福祉用具***です。これは介護保険を利用することができます。

住み慣れた自宅での生活を安全なものにするために、「転ばぬ先の杖」としてお風呂場やトイレなどに手すりをつけてつかまるところを増やしたり、段差をなくしてスロープにしたりするバリアフリーの工事などは、可能であればなるべく早くしておくことをおすすめします。

福祉用具
日常生活に支障のある障がい者や要介護者・要支援者の生活の便宜を図るための用具で、たとえば車椅子、歩行器、床ずれ防止用具など。

住宅改修は、最も軽い要支援１から介護保険を使えます。20万円までなら、原則１割負担で改修できます。

福祉用具には、介護ベッドや手すり、三点杖など便利なものがたくさんあり、レンタルの場合は、利用者の介護保険に応じた価格となりますが、ポータブルトイレやお風呂用の椅子など、衛生用品に関しては買い取りが基本です。

業者さんは、いくつかのカタログのなかから必要そうなものをピックアップしてすすめてくれたり、相談に乗ってくれたりしますが、わからないことは細かいことであっても質問し、自分の要望を伝えることが大事です。

福祉用具の業者は、通常、担当のケアマネから紹介してもらう形になりますが、そこでもコミュニケーションがカギとなります。

なかには、利用者の希望に耳を貸さず、勝手に「これとこれにしましょう」と強引に進めたり、メンテナンスがされていないものが届く、などというサービス精神の低い業者もあります。

そのような場合には、担当のケアマネに相談して変えてもらいましょう。

逆に、現場に何度も足を運び用具の微調整をおこなったり、使い勝手が悪かった福祉用具を自分で段ボールや板切れなど身近なものを使って調整してくれた、という事業者の話も聞きました。ここまでやってくれると、「できる業者さん」だと言えますね。

訪問介護のヘルパーや看護師には、何をどこまで頼めるの？

介護保険の基本的なサービスのなかで、**訪問介護***がありますが、これはあくまで「本人が日常生活を送るために、最低限必要なことをする」という大原則があります。

訪問介護のヘルパーができる仕事は、厚生労働省の通知（平成12年3月17日「老計第10号」）によって決められているのですが、それが利用者側に誤解されているために起こるトラブルが多いのも現状です。

具体的に見てみましょう。

訪問介護
訪問介護員が要介護者の居宅を訪問し、入浴・排泄・食事などの介護、調理・洗濯・掃除等の家事も提供する。訪問介護は①身体介護＝要介護者の身体に直接触れておこなうサービス（例・入浴介助、排泄介助、食事介助など）②生活援助＝身体介護以外で、要介護者が日常生活できるようサポートする（例・調理、洗濯、掃除など）③通院等乗降介助＝通院等のための乗り物の乗降の介助（例・乗車前・降車後の移動介助の一連のサービス行為を含む）などサービス内容に応じ３つに分類される。

「身体介護」は、入浴や食事、排泄の介助、家屋内の移動支援が含まれます。「生活援助」には日常の範囲内の調理や掃除、買い物、ベッドメイクなどが含まれます。

一方、利用者以外の部屋の掃除や庭の草むしり、換気扇の洗浄など大掃除に相当する行為や家具の移動などはできません。意外なところでは「窓拭き」ができなかったり、お酒やタバコなどの嗜好品や市販薬を買ってくることは不可といったルールがあります。

このようにヘルパーに頼めることは線引きが非常に難しく、「見えないところもしっかり掃除して」と伝えたら「それはできません」と断られ関係がギクシャクしてしまった……という話もよく聞きます。

訪問看護師は、利用者の自宅に訪問し、主治医が作成する訪問看護指示書に基づき、健康状態のチェックや療養指導、医療処置、身体介護などをおこないます。利用者とその家族の相談に乗り、アドバイスをすることも重要な業務のひとつです。医療看護について分からないこと、困ったことは何でも相談しましょう。

訪問看護もヘルパー同様、何でも無制限に頼めるわけではありません。主治医の指示にない行為や、医師にしかできない診断や処方などの行為（絶対的医療行為）はできません。

ヘルパーとの違いは、訪問看護では医療行為が可能ですが、訪問介護では認められていません。

一方、訪問看護はヘルパーではないので、掃除、洗濯、食事作り、買い物などの生活援助はできません。

ヘルパーに窃盗疑惑が生じたら？

ヘルパーによる窃盗などの犯罪は、滅多に起きるものではなく、認知症ご利用者の誤解であることもありますが、まれに発生、発覚するとマスコミなどでセンセーショナルに扱われます。

筆者は弁護士として次のような相談を受けることがあります。

〈ケース1〉

90代の認知症の母親と二人暮らしのDさんは、仕事に出掛けている平日の二日間、昼間に訪問介護サービスを利用していますが、最近どうも信用ができないと言います。

「ヘルパーが来た日は、どことなく母の表情が暗いのです。また、引き出しを探ったような形跡もあり、先日封筒に入れていた1000円札が一枚減っていました。気持ち悪いのでヘルパーを替えてもらいたいと思っているのですが、まだ盗まれたという証拠はありません」。

このようなときは、自分の不信感の原因となるポイントを時系列で記録しておき、そのヘルパーの上司に当たる**サービス提供責任者***（サ責）や、自分の担当ケアマネに相談することが考えられます。

ただし、それですんなりヘルパーを交替できるかどうかはケースバイケースです。

埒《らち》があかなければ、事業所ごとかえてしまうという方法もあります。ですが、

サービス提供責任者
ケアマネージャーやケアワーカーとの連絡調整や訪問介護員の管理業務をおこなう責任者。サービス担当者会議に出席することで、ほかの介護専門職と連携し、訪問介護計画書を定期的に見直す役割と責任がある。

お互いに後味が悪いためできる限り話し合いで解決したいですね。

なお、介護保険関連の苦情窓口としては、第三者的機関として**国民健康保険団体連合会***（「国保連」）という組織があります。

ただし、証拠もないのに「ヘルパーに金銭を盗まれた」などと言えば、名誉毀損になりかねないのでそこは慎重に話す必要があるでしょう。

自宅ですから、見守り（監視）カメラを付けるという方法も考えられますが、通常のカメラだと相手にもわかってしまい警戒されるので意味がありません。ですが「動かぬ証拠」になりますので、もし犯行現場を押さえた場合は、警察に届け出て刑事事件として処理してもらうこともできます。

ヘルパーが、お母さんに対して、罵声を浴びせたり、大きな物音を立てて威圧的に振る舞っている様子が録音できれば、虐待の根拠になります。

Dさんのケースでは、室内に監視カメラを設置して、ヘルパーが封筒から現金を抜き出すところまで押さえたそうです。

そうなると相手も言い逃れできません。件のヘルパーは懲戒解雇となり、事業

国民健康保険団体連合会
主な会員は市区町村で、国民健康保険以外にも市区町村に関連するあらゆる業務をおこなう。

所は平謝りで別のヘルパーを派遣してくれるようになりました。

寝たきりでもお風呂に入りたい！

身体を清潔に保つことは、本人の健康や家族が快適に過ごすために大切なことですが、要介護度が高くなると、ひとりで入浴することが難しくなります。

デイサービスに通っている人は、入浴サービスが受けられますし、自宅で療養している人はヘルパーに頼めるサービスとして「入浴介助」があります。

寝たきりで浴室まで行けないなど、それすらも難しい状態になると「**全身清拭***」などで清潔を保つようにしますが、「訪問入浴」（次頁参照）という選択肢もあります。

これは、入浴車という特別な車に乗り三人組のスタッフがやって来ます。車から二つ折りの浴槽を運び込み、なんと室内にお風呂を設置してしまうのです。看護師が健康チェックをおこない、お湯を張り入浴開始。肩までお湯につかりリラッ

全身清拭
入浴ができない場合に、蒸しタオルなどで全身を拭くことで清潔にする。

居室でお風呂。訪問入浴をもっと知ろう！
訪問入浴介護サービスはこのように提供されております。（標準的手順）
①
看護師
介護職
介護職
準備を整え、看護師・介護職二名の三人一組でご要望に応じた日時に訪問いたします。
②
看護師がお伺いして、血圧・体温・脈拍などを測定し当日の入浴の可否判断を行います。
③
ベッドのそばに浴槽を設置して入浴の準備。バスタブシートを敷きますから床（畳）を濡らす事はありません。
④
さあ、浴槽にお湯を供給。湯温を確認し入浴準備完了。
⑤
待っていた入浴のひととき。「よろこびの一日」を感じる時間です。
⑥
上がり湯はシャワーをたっぷり浴びて、さわやかに。
⑦
着衣の交換が終えたら、髪もドライヤーで念入りに。身だしなみを整えて。
⑧
入浴後の健康チェックを行い今日はおしまい。「今度のお風呂はいつ来てくれるの？」
⑨
次回の訪問を楽しみに！

入浴車による訪問入浴介護サービスは、介護保険制度における在宅サービスの一つです。

訪問入浴介護サービスは、継続的な医療処置を受けている方でも利用することができます。主治医や看護師の支援のもと、安全で快適な入浴を楽しみましょう。

出典：（株）デベロ　デベロ老人福祉研究所

クスできます。必要な時間は全体を通して1時間ほどです。

要介護1から使えるので、興味のある方はぜひケアマネに相談してみてください。ネックは利用料が若干高いことですが、だからといって利用者が希望しているのに「そんな贅沢はさせません」などというケアマネであれば交替してもらった方が賢明でしょう。

デイサービスで忘れ物をしてしまう……

〈ケース2〉

「79歳の父親は、中程度の認知症です。デイサービスに週3日通っていますが、いつも何かしら忘れ物をしてきます。ハンカチやティッシュくらいならいいのですが、家の鍵を忘れたときは本当に困りました」と言うのは、一緒に暮らしている息子のEさん。

そのときはたまたま孫が自宅にいたからなかに入れたものの、後で家の鍵がなくなっていることに気がついて、家族中でパニックになったそうです。

その後、Eさんの妻が送迎のスタッフに尋ねてみたところ、施設では利用者の持ち物の管理をしていないことがわかりました。

毎日20人以上の利用者の私物まで手が回らないというのが施設側の事情でしたが、それも致し方ないことかもしれません。

そこでEさんが「人数分の箱を用意して、そこにそれぞれ持ち物を入れておき、帰りにはそのまま持ち帰るようにしたらどうか」と提案し、施設側がそれを受け入れてからは忘れ物や失くし物もなくなったそうです。

施設の対応も完璧ではないので、本当に大事な鍵などはチェーンを付けて体から離れないようにしたり、指輪や財布などの貴重品は持ち込まないようにする、衣類には名前を書く等の工夫が効果的です。

デイサービスといえば、「**お泊りデイ**＊」という有名な言葉があります。

お泊りデイ
日中にデイサービスを利用し、そのまま夜も宿泊して介護を受けることができるサービス。介護保険適用外のサービス。

デイとは「日中」を意味するのですが、「親を何日か預かってほしい」という要望を受けて、夜も「お泊り」できるというサービス形態が数年前に登場しました。

正規のサービスとしては**ショートステイ**＊がありますが、お盆や暮れなど時期によっては全く予約できないこともあります。

そのような現場のニーズを受けてお泊りデイが増えていったのですが、そのようなデイは元々宿泊機能を備えていない建物であることが多く、事故やトラブルが起きることもあります。男女が一室で雑魚寝するなど、あまりに環境が劣悪な場合は敬遠したほうがよいでしょう。厚生労働省のガイドラインがあり、これに準拠した施設を選ぶようにしましょう。

お泊りデイは非正規なサービスであり、毛嫌いするケアマネもいるようです。しかし、私はこれ自体が悪であるとは思っていません。

法事など急用ができたときは、まずケアマネに相談することになりますが、このようなときにお泊りデイという選択肢も含めて柔軟な対応をしてくれるのが、いいケアマネといえるかも知れません。

ショートステイ
在宅介護中の高齢者の心身の状況や病状に合わせて、介護をする家族の介護負担の軽減や一時的に介護ができない場合に、家族に代わって介護を行うことを目的としたサービス。老人ホームや介護施設へ短期間入所して日常生活全般の介護が受けられる。65歳以上で「要支援」「要介護」と認定された人が対象。

デイケアは高齢者向けフィットネスクラブ？

デイサービスと似て非なるサービスとして、デイケアというものがあります。

デイサービスは、施設に通い食事や入浴、機能訓練などを受けられるサービスのことをいいます。

一方、デイケアは、「通所リハビリテーション」とも呼ばれますが、身体機能の維持や生活機能の向上を目的として理学療法士などの専門職によるリハビリテーションを受けることができる通所型のサービスです。

リハビリテーションにもいろいろな種類があります。

身体機能を回復するためトレーニングマシンを使うもの、日常生活で必要な動作となる洗濯物をたたんだり、レクリエーションをするもの、発声練習や飲み込みに適した姿勢の指導を受けるもの……目的に合ったリハビリを効果的なタイミングで受けられるようにしたいものです。

最近はデイサービスではあるものの、リハビリに特化したリハビリデイという形態もあるので、ますます混乱してしまいますね。

ですが考え方はシンプルで、どのような名称・形態であろうと利用者と真摯に向き合いより良いサービス提供に努めているところを選べば間違いありません。

通所からお泊まりまで対応、小規模多機能

小規模多機能型居宅介護*（小多機）といって、デイサービスを基本としつつ泊り（ショートステイ）もでき、スタッフが個別（訪問介護）もしてくれるという、夢のようなサービスがあります。
ただし、施設によっては訪問をほとんどしてくれないといったこともあるため、バランスよく必要に応じてサービスを提供してくれるところを選ぶようにしましょう。

小規模多機能居宅介護
「通い」を中心に、要介護者の様態や希望に応じて、随時「訪問」や「泊り」を組み合わせてサービスを提供することで、中重度となっても在宅での生活が継続できるよう支援する。地域密着型サービスなので、その地域に住む人しか利用できない。

次に「介護サービスの流れと種類（100・101頁）」の図を見てください。社会福祉法人や医療法人が運営する施設は一種の「介護デパート」のようになっています。

この建物の中にデイサービスもあれば、ショートステイもあって、上階が特別養護老人ホームになっている施設もあります。以前はそういう大型の施設は地方に多かったのですが、最近では都心のビルでそのような施設が運営されていることもあります。

それに対して、介護付き有料老人ホームや**サービス付き高齢者向け住宅***（**サ高住**）は民間資本の施設です。

サ高住には60歳以上であれば入居できるので、別々の部屋に親子や家族で入っているというケースも聞きます。

サロンのような共有スペースの設備が充実していて、高齢者が孤立しないような施設になっていますが、病気になったときなどは退居しなければならない場合もあります。

サービス付き高齢者住宅　「一般型」と「介護型」の2種類あり、「一般型」は日常生活に問題がない元気な高齢者向けのマンション。もし、体調を崩して食事・掃除・洗濯のサポートという生活支援や、入浴・食事・排泄などの身体介護や機能回復訓練などのサービスを受ける場合は入居者自身が外部の訪問介護などの事業所と個別契約が必要。「介護型」は特定施設入居者生活介護の指定を受けているので、それらの介護サービスを同施設内で受けることができる。いずれも入居対象者は60歳以上か要支援1以上の認定を受けている60歳未満。

最近では、サ高住に医療サービスや小多機を組み合わせた施設もあって、便利になる一方で、利用者にはますますわかりづらい状態となっており、それがトラブルの原因となるケースもあります。

介護サービスの流れと種類

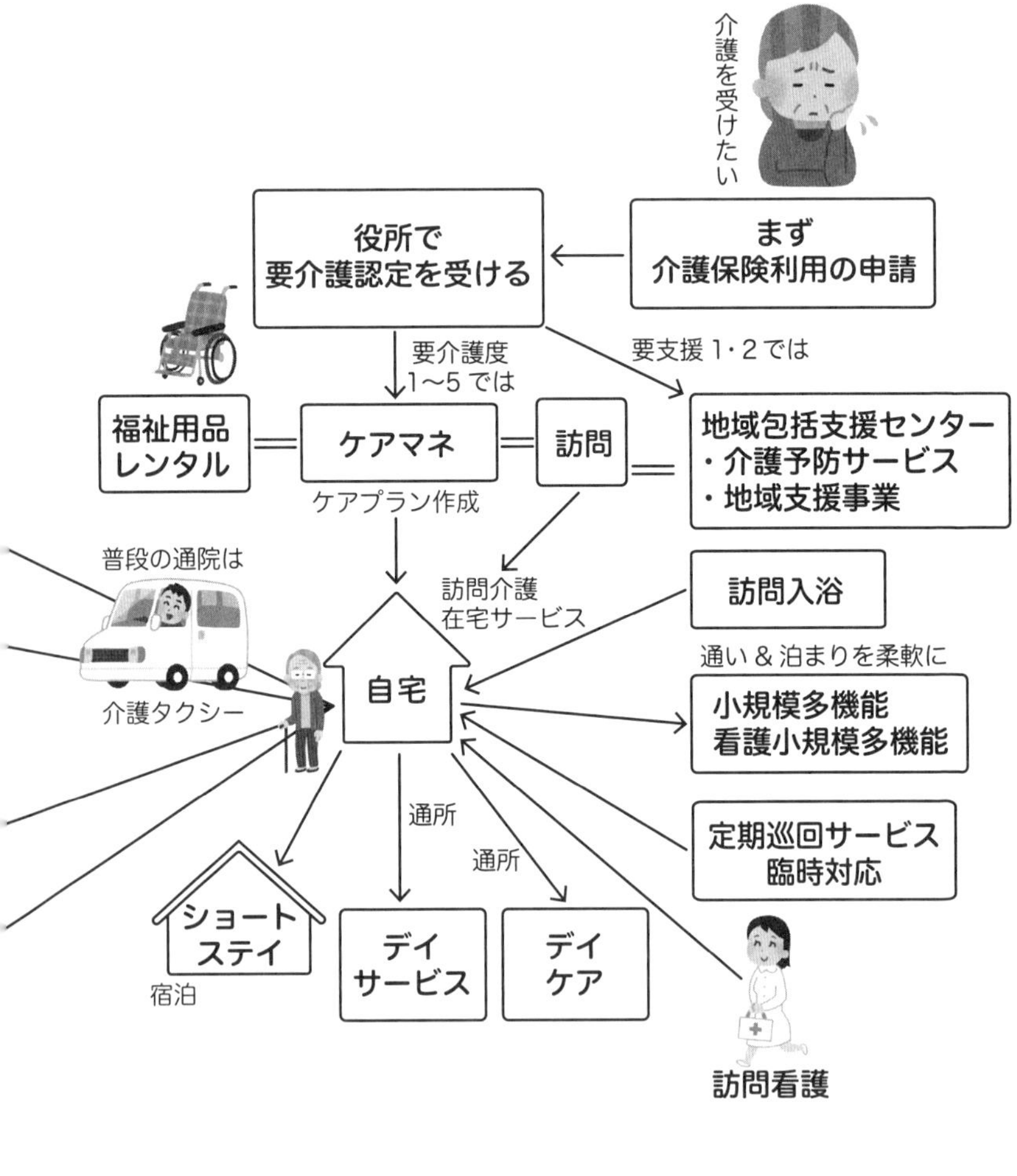
介護を受けたい
まず
介護保険利用の申請
役所で
要介護認定を受ける
要介護度
1〜5では
要支援 1・2では
福祉用品
レンタル
ケアマネ
訪問
地域包括支援センター
・介護予防サービス
・地域支援事業
ケアプラン作成
普段の通院は
訪問介護
在宅サービス
訪問入浴
通い & 泊まりを柔軟に
自宅
介護タクシー
小規模多機能
看護小規模多機能
通所
通所
定期巡回サービス
臨時対応
ショート
ステイ
宿泊
デイ
サービス
デイ
ケア
訪問看護

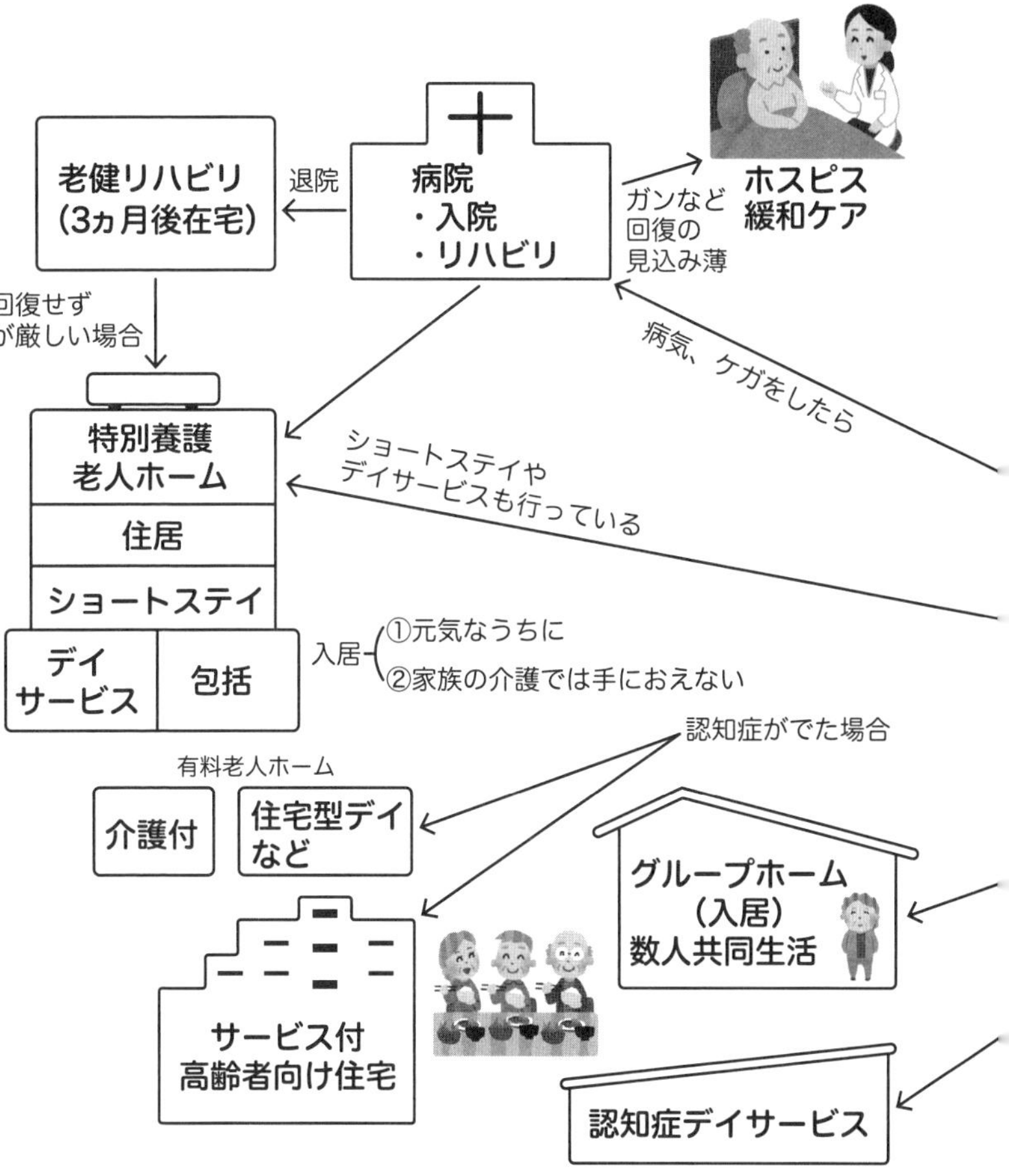
老健リハビリ
(3ヵ月後在宅)
退院
病院
・入院
・リハビリ
ガンなど
回復の
見込み薄
ホスピス
緩和ケア
機能回復せず
在宅が厳しい場合
病気、ケガをしたら
特別養護
老人ホーム
住居
ショートステイ
デイ
サービス
包括
ショートステイや
デイサービスも行っている
入居
①元気なうちに
②家族の介護では手におえない
認知症がでた場合
有料老人ホーム
介護付
住宅型デイ
など
グループホーム
(入居)
数人共同生活
サービス付
高齢者向け住宅
認知症デイサービス

第3章のまとめ

・好みや要望をよく聞いてくれるケアマネがいいケアマネです。
・ケアマネに雑用を頼むことはできません。
・こまめに調整してくれる福祉用具相談員を探しましょう。
・ヘルパーには、日常生活を送るために最低限必要なことしか頼めません。
・訪問看護師は、医者しかできない医療行為をすることはできません。
・ヘルパーに窃盗疑惑が生じたら、室内にカメラを設置することが考えられます。
・自宅で寝たきりでもお風呂に入りたいときは、訪問入浴介護サービスに来てもらいましょう。
・デイサービスで紛失しないよう、貴重品は持ち込まないようにしましょう。
・小規模多機能は、訪問もバランスよく提供してくれる事業所を選びましょう。

コラム

介護保険「改悪」に物申す！

２０００年から開始された介護保険制度は、３年に１度報酬について、５、6年に一度大幅な制度そのものの見直しがされますが、２０２４年が大きな改正の年になります。２０２２年12月の臨時国会において、介護保険法改正をめぐる審議がおこなわれました。「２０２３年の夏までに結論を出す」としながらも、成立すれば今後、利用料や保険料が、一気に利用者の負担となって生活にのしかかってくるでしょう。

そうした恐れがある項目について、私見を述べたいと思います。

1　「要介護1、2の生活援助サービスを介護保険の給付から外し、市区町村の総合事業へ移行する」

介護度には軽いものから要支援1、2、そして要介護1から5と上がっていくのですが、要支援者へのサービスは「予防サービス」といい、介護保険の対象とされてきました。

それを、介護保険から外すということは、国の予算で賄《まかな》わず各自治体に丸投げするということに他なりません。そうなると、当然市区町村ごとに経済的状況は違いますから、受けられるサービスに格差が生じ全国的に不公平な状態となってしまうでしょう。

この議論は、２０１９年の改定時の審議で市区町村側からの反対によって保留にされていたのですが、今回こうして蒸し返されました。

なぜ反対されたかと言えば、介護保険は全国一律ですが、総合事業はそれぞれの市区町村ごとに予算のばらつきがあり、余裕がある自治体はひと握り。そうでないところの方が圧倒的に多く、事業を維持するための財政や人員がないという現実があるからです。

政府は「事業主体が国から地方に代わっても受けられるサービスは変わりません」と説明していますが、それを言葉どおり保障してくれなければ「まやかし」としか映りません。

すべては「膨張し続ける社会保障費を削減し制度を存続させるため」とい

う大義名分ですが、穿《うが》った見方をすれば、国民から広くお金を集めて最初は「好きなだけ使ってください」と大盤振る舞いしておいて、先行きが暗くなってきたら「元気なうちはできるだけ国の世話になるな！」と命令されているようなものです。

年金制度も然りですが、これでは話が違うと言われても仕方ないし、実際に人口が激減している過疎地等では、この改定が実行されれば十分な介護サービスが受けられなくなる人が出てくることは明らかでしょう。

2 「ケアマネジメント料の利用者負担」

居宅ケアマネージャーの仕事は、自宅で介護を受ける利用者のケアプランを作成してサービスが適切に受けられるよう管理しています。現状（2023年3月）無料で利用できます。訪問介護やデイサービスなどは、一回利用するごとに料金の1割（人によっては2、3割）を負担しなければなりませんが、ケアマネに関しては利用者負担がありません。

そのためユーザーとしては気軽に利用でき助かっているのですが、今回そこにもメスが入り、「ケアマネの分も1割しっかりとるべきだ」と主張しているのです。

それにより起こることとして、まず「利用控え」が考えられます。他のサービス利用についても影響が出るでしょう。「有料化することでケアマネージャーの質がシビアに問われるようになり、結果的に全体の質が上がる」という擁護の声もありますが、現場を見る限りそのようなプラスの効果が期待できるとは思えません。

この他にも、今回の改正議論では「自己負担割合2割の対象者の拡大」や、「65歳以上の中高所得者の保険料引き上げと、低所得者の保険料引き下げ」、「低所得者の施設入所者の食費・居住費の負担軽減見直し」など、いたるところでじわじわと国民や利用者の負担を増やそうとする論点ばかりが目立ちます。

政府の説明をひとつずつ聞けば、何となく理解できるような気にもなるのですが、この改定によってますます貧富の差は拡大し、介護を受けられない人が増大するでしょう。そうなればどれほど外観が至れり尽くせりに見える介護保険サービスも「絵にかいた餅」に他なりません。

この流れは今に始まったことではないのですが、なぜここまで介護保険を骨抜きにしようと躍起になるのか、多いに疑問です。

現在、国民は40歳から介護保険料を払っていますが、そもそもは、「高齢者がいつまでも住み慣れた自宅で、地域に支えられながら暮らす」ことを理想とした制度でした。

人は突然老いるわけではありません。要支援や要介護1～2のうちに本当に身動きができなくなるときのための準備をしておく、そのために地域はサポートのネットワークを作るということが大事です。

最初に掲げたコンセプトに立ち返るためには、要介護1～2の人たちに向けたサービスを拡充し、自力で生活するために家事の介助をメニューに入れるなどきめ細かいサービスを拡充させるべきでしょう。

ところが、今進んでいる方向は「自分でできる人は何でも自分でやって」と放置し、一方で終末期になれば自分で死期も選べないような、形ばかりの硬直的な制度です。

30歳からの介護保険料支払い開始まで検討されていますが、若い人からしたらたまったものではありません。

30年以上前に消費税が導入されたときは「来るべき高齢化社会に備えて」という名目でしたが、それがその通りになっていれば、福祉財源の枯渇問題がこれほど深刻化するとは考えられません。

政府は何かというと「財源がない」という言い訳を繰り返しますが、その一方で防衛費、軍事予算がどんどん増えているのはどう考えたらいいのでしょうか。

この全体の制度設計を変えるためには政治の仕組みを変えていく必要があり、それには今のところ、有権者が選挙で意思表示をするしかありません。けれども若い人たちの投票率が低いため、どうしてもその声が反映されにくいという現実があるようです。

財務省は国の財政について「国民一人あたり1000万円以上の借金を負っているのと同じ」などと説明します。

これには生まれたばかりの赤ちゃんから１００歳以上の老人も含まれているとして、国民に「増税もやむなし」の世論を誘導しようとしますが、国の借金を「国民の借金」と言い換えるようなまやかしを通用させてはならないと思います。

第4章

退院しても何も変わらないじゃないか

老健編

ようやくシャバに帰れると思ったら……

〈ケース1〉

Fさんは、脳梗塞で倒れ緊急入院しましたが、ようやく退院の目処が立ちました。ところが病院の**メディカルソーシャルワーカー***（MSW）は「お一人でご自宅に戻るにはまだ不安でしょうから、老健に行かれると良いでしょう」といいます。

Fさんとしては、この監獄のような場所から出られるのであればどこでもいい、と思っていました。術後も予定がパンパンに詰められ、連日の過酷なリハビリと相次ぐ検査でへとへとです。

ところが、介護施設というので行ってみたら、老健なるところも同じくリハビリをする施設であるというではないですか。「Fさんはまだ後遺症が残っていますので、安心して自宅へ帰れるようここでもリハビリを頑張

メディカルソーシャルワーカー
MSW。患者を外部機関につなげて連携する役割。

りましょうね！」と爽やかに呼びかける職員の顔を、Ｆさんは恨めしそうに見つめるのでした……

介護老人保健施設（老健）は、在宅と病院の間の「中間施設」とされています。病院は治療が目的の施設ですから、病気や怪我が完治したら退院することになります。

ただ高齢者の回復は遅いため、いきなり退院して在宅復帰しても、体力が衰えており、以前と同じように一人で生活できない場合も多くあります。

そんなとき、自宅での生活を安全なものにするために、大体３～６ヵ月を目安に入居する施設が老健です。

病院が運営している老健に入るケース、病院から紹介されて別の老健に入るケースなどがありますが、そこで生活のリズムを整えながら、リハビリのプログラムを受け体力を取り戻すのが目的です。

老健の利用条件は、要介護度１以上で、病状が安定期にあり、入院治療をする必要はないこと。要介護5の寝たきりの方でも利用は可能です。

ただし、あくまでそのコンセプトは一時滞在により在宅復帰を目指すというものですから、契約期間は短く、その間に機能が回復せず次の行き先が見つからないような場合は延長も可能ですが、施設側としては、3〜6ヵ月で退所してもらわないと報酬が下がってしまうという現実もあります。

それを過ぎてしまうと経営に関わるので「自宅に戻るか、他の施設に移ってください」とプレッシャーをかけられることがあります。

現実には「他に行き場がないから」という理由で長期入所している人も多く、特養の代替版（第二特養）になってしまっている施設もあり、法律的な位置づけと現状が乖離しているのは否めません。

厚労省がおこなっている老健からの在宅復帰率についての調査（平成26年7月発表「介護老人保健施設の在宅復帰支援に関する調査研究事業」より）では、老健を退所した人のうち、病院などの医療施設へ移る人は45％。自宅に戻る人は20％という結果になっています。

しかし、その20％のうち11％は１～３ヵ月の間に再び老健や病院に戻っているのです。

また、病院に移った人の30％も同様に１～３ヵ月の間に老健に戻っているので、結局施設の間を行ったり来たり、あるいはぐるぐると回っているような状況があります。

なぜこのようなことになっているのかというと、介護保険法の改正のたびに新たなサービスが創設され、各施設の位置づけがどんどん専門化していきました。その結果、行政的な縦割りの運営となってしまっているように思います。

現場では「ここまでは私の担当なのでやりますが、ここからはやりません」といった硬直的な対応が生じ、タコツボ的にそれぞれの立場が分断され、連携しづらくなっているのではないでしょうか。

たとえばケアマネージャー（ケアマネ）です。在宅で、大抵最初に出会うケアマネは、どんなに優秀な人でも、施設入居が決まれば施設内のケアマネに交代することになります。

自宅に帰っても、ひとり暮らしの人や家族では支えきれない場合、ショートステイに長期間預けたり、老健に行った後はホームに移ったり……と施設を出たり入ったりしているケースはよく見聞きします。

こうしたことは環境が大きく変わるため本人にも負担になるし、手続きも煩雑で決して望ましいことではないので、もう少しシンプルな形に戻していくことも検討すべきと考えます。

老健でまさかの転倒事故、そんなときは？

介護施設全般で言えることですが、老健でよくあるのがご利用者の転倒・転落による怪我です。

病院だと、事故を防ぐために拘束などをおこなうことも多いのですが、老健では原則として拘束はおこないません。一方でリハビリ目的で運動すると、当然事故リスクを伴います。

順調にリハビリメニューをこなし、体力に自信がついた利用者が車いすから突然立ち上がったり、一人で歩き出しバランスを崩し転倒……というパターンが多いです。周囲の職員たちも、利用者の回復状況をリアルタイムで把握できず「まさか立ち上がるとは思わなかった」という見逃しもあります。

あるいは、現場にとって対処しきれない事故も起こります。たとえば、介護者の数が少ない夜中に、あるご利用者のトイレの介助をおこなっているとき、ちょうど同時に別のご利用者からも助けを求めるコールが鳴ったとします。

そんなとき、介護職員は、いったん元のご利用者を廊下やトイレなどで待たせたまま、そちらに向かわざるを得ません。

しかしその間、元のご利用者は自分で部屋に戻ろうとして、その途中で転倒するというようなケースがよくあります。

このような場合、利用者の家族としてはどう対応すべきでしょうか。

それはずばり、「保険の手続に協力する」ということが最も合理的でしょう。

施設は損害保険に入っており、事故について責任があればそこから治療費等が出るのです。

私は普段、弁護士として利用者と施設の双方から相談を受け、ときには裁判まで代理していますが、おしなべてこのような転倒事故の場合、施設側が不利といえます。つまり、法的な賠償責任が施設側に認められることが多いのです。

施設はこのような事故に備え、民間の提供する損害賠償保険（施設賠償保険）に加入することが義務付けられています。責任が認められれば原則、全額が保険からおりるため、施設にとってはそれほど打撃にはならないのです。

もっとも、保険がおりるには、損害保険会社の査定が必要となります。じつはこれが曲者で、言ってしまえば保険会社としてはできる限り支払い額を抑えたいので、払い渋りという現象が起こります。

しかし、大切な親御さんを預かり事故で骨折させておきながら、「治療費も入院費も一切出せません」というのでは、まとまる話もまとまりません。

私が施設側に立って対応するときは、保険会社にかけあい、できる限りご利用者側が納得しやすい条件に引き上げられないか交渉することがしばしばあります。保険会社の結論は「0回答」でも、いざ訴えられれば数百万の賠償命令……ということもよくあるからです。

裁判は、誰にとっても避けたい事態であることは明らかでしょう。

保険会社の事故調査は、１〜３ヵ月はかかると見たほうが良いでしょう。利用者側としては、まず搬送先病院で作成された医療記録等を保険会社に見せるに際し、個人情報開示の同意をする、という手続があります。こうした簡単な手続の話を「保険なんてこちらは知ったこっちゃないから、協力なんてしない」というスタンスで臨まれてしまうと膠着《こうちゃく》が長引くだけです。言うべきことは言っていきますが、基本的には保険会社に協力していくことがスムーズな問題解決につながることでしょう。

ちなみに、実際にやり取りをするのは保険会社の人ではなく、施設長など施設の人となります。交通事故の場合は逆に加害者と被害者が直接交渉等することはなく、保険会社が代理をするものですが、介護事故の場合はそこが違います。

そのため、弁護士を立てないとお互いやりづらいということがあるのですが、ここで交渉のポイントをお伝えしましょう。

まず、できる限りこちらも記録を揃えることです。特に事故を起こした「過失」

が認められるかについては、施設の方で保管している**アセスメントシート**＊や介護計画書、日々の介護記録等が鍵となります。そのような記録の写しをもらうよう、早い段階で施設側に求めることが考えられます。先にみた医療記録も、保険会社の方で取得してもらってから写しを貰うか、自分で開示申請をして取得します。

次に、請求の範囲です。請求する範囲を治療費や入院費等の実費分にとどめる場合は比較的短期間で出ることが多いのですが、その上にさらに慰謝料等を求める場合は、その分金額も上がり検討期間が長引く可能性が高くなるといえます。「そんな、数百万ももらいたいとは思わないから、とにかくかかった費用だけでも払ってほしい」ということであれば、その旨施設側に伝え、結論を急いでもらうことが考えられます。

いずれにせよ、もし保険会社の方で「責任はありません」と認定されたときは、施設としてもこれをそのまま伝える他ありません。そうなると利用者側は「怪我をさせられた上に、治療費も支払われないなんて」とショックを受け、大きな禍根を残すことになります。

アセスメントシート
介護サービスの利用者が、そのサービスを利用することになった理由や、必要な支援の内容など基本情報を用紙にわかりやすくまとめたもの。

それだけならまだしも、病院に送られベッド上での生活を続けているうちに、今度は床ずれが起きたり寝たきりになってしまったりすると、「あの事故さえなければ……」とやりきれない気持ちになるのは当然のことです。

さらに、事故が原因で重篤な症状に陥ったとき、先に書いたように身体拘束ができないこととの影響として「経管栄養の高齢者は「行く場所がなくなってしまう」ということが起こっているのも由々しきことです。自宅に戻ることもできず、結局、**終末期専門病院***に行くしかない、という事態は本人にとっても家族にとっても納得しがたいものがあるでしょう。

老健での医療ミスはどうやったら防げる？

老健施設は、原則として「医師が施設長になること」とされているため、ほとんど医療法人が運営しています。外から見ると「お医者さんがいるからいざという時に安心」と思われることもあるでしょう。

終末期専門病院
終末医療を行う病院や施設。一般病院のなかにある緩和ケアを専門とする病棟や療養型病院、老人介護施設、障がい者介護施設、ホスピスなど。

けれども、前も書いたように、施設は病院とは違います。そこでの医療水準は決して高くありませんし、CTスキャナーなど十分な設備も整っていません。

さらに老健では、原則として介護保険のみであり医療保険が使えません。利用者の薬や注射、点滴、急性疾患で病院を受診したときの検査費用は、医療保険が使えず原則としてほぼ全額10割が施設の持ち出しとなるのです。そのため、医療に関して積極的な措置がとられることは少ないといえるでしょう。

制度的な問題とはいえ施設の経営収支を考えると、病院退院後も高額な新薬の服用が必要だったり、定期的に高額の注射が必要な方は入所させるのが難しいというジレンマがあります。

定期的な健康診断もありますが不十分です。がんなどが見落とされ、進行してから専門病院にかかったときには手遅れだったというケースもあります。

こうした背景事情を踏まえ、利用者家族が取るべき心構えは、「施設に任せきりにしない」という意識です。「素人だから病気のことはわからない」というお気持ちはわかりますが、だからと言って「ここの老健は病院の系列だから、安心して任せられる」と丸投げすれば、事故や病気が発生したときに「思いも寄らない落とし穴にはまってしまった」と後悔することになりかねません。場合によっては、原因不明の体調不良時などは、自ら親を施設から連れ出し専門病院に連れて行くべき場合もあるのです。

病院にはメディカルソーシャルワーカー（ＭＳＷ）という職域の人がおり、利用者の窓口になっているので、わからないことは何でも質問しましょう。

またＭＳＷは、退院するときには地域のケアマネ、老健に移るときには老健側の担当者に対して患者の状態を申し送りしています。医師による申し送り書を「診療情報提供書」といいますが、そこにさらっと書かれていることが大変重要だったりすることもあります。

申し送りのときにはもちろん家族も同席できますし、ケアマネが立ち会うというケースも増えているので、きちんとなされているかを確認するのは大切なことだといえるでしょう。

「あとは専門家に任せます」と放り投げないで、わからないことは曖昧なままにせず、納得いくまで説明を求める姿勢が必要です。

信頼していた施設に裏切られた……どうすればいい？

親を老健や特養、有料老人ホームに預けていて、そこで起こった事故で怪我や病気になってしまったとき、家族としては憤懣《ふんまん》やる方ない気持ちになるのは当然のことです。

私のもとに相談に来られたGさんのケースを紹介しましょう。利用者と施設の間で起こる、介護事故に起因するトラブルの典型例です。

〈ケース2〉

Gさんの母親は90歳でしたが、入居中の老人ホームでトイレにて排泄介助を受け、部屋に戻るまでの間、職員が他の入居者の対応のために廊下で待つように伝えている隙に一人で歩行し転倒しました。

救急搬送され、治療を受けていましたが、心筋梗塞によって入院先の病院で死亡するという最悪の事態となりました。

Gさんが納得のいく説明を求めても、施設側からは杓子定規な見舞いの言葉と、「当方の職員の対応に過失は認められなかった」という回答でした。謝罪の言葉は一言もなかったといいます。

その後数週間して、損害保険会社の査定による見舞金が支払われることになりました。その内訳は搬送先の病院における治療費と入院費等の実費を含めて30万円でした。

「ここは母にとって終の棲家になるところだと思い、何ヵ所も見学して決めた施設でした。それなのに、こんなことになって裏切られた思いです」

とGさんは憤ります。

その気持ちをどう晴らそうかと思うあまり、裁判を起こすことを考えていると、私のところに相談に来られました。

私はGさんに、施設に入居する以前のことから、今に至るまでの経緯を詳しく

聞きました。

「母は83歳で私の父である夫に先立たれました。糖尿病や腰痛の持病があり、軽度の認知症です。

本人の希望もあり、そのまま実家で一人暮らししながら、週一回介護ヘルパーさんの訪問をお願いし、週2回のデイケアではリハビリをしたり、入浴サービスを受けたりしていました。もちろん私たちも月に3～4回は様子を見に行き、サポートしていました。

しかし、2年前に自宅での転倒がきっかけで骨折し、入院して手術となりました。若い人なら大したことのない手術なのですが、90歳近い老人ですから、大事をとって経過を見ているうちにすっかり体力が衰え、認知症も進んでしまいました。移動も杖が必要となり、要介護度は3と判定されました。

妻や兄弟とも話し合い、もう一人暮らしは無理だろうということで、資料を何冊も読み、施設を何件も見て今のところに決めたのです。

決め手は当時の施設長さんがとにかく熱心で、スタッフの方も感じよく、入居者の表情もイキイキしていたように感じられたからです。

けれども母が入居して一年経った頃、私が信頼していた施設長が異動になったということで代わりに新しい人が来ました。聞くと、施設の運営母体が大手の不動産会社の系列になったということでした。新しい施設長は前の人と違って、どこか事務的でビジネスライクな印象だったのを覚えています。

そして、さらにそれと前後してスタッフの人数が減っているような気がしたのです。訪問したときに対応してくれる担当の介護士さんやケアマネさんの表情も心なしか疲れているように見えました。

母の表情も暗く、いつも一人ぼっちで放っておかれていると言います。『ここはもう嫌だ。家に帰りたい』と子どものように泣かれると私も辛かったけれど、実家はすでに売却の方向で手続きが進んでいたし、私たちの家で引き取って介護する自信もありません。他の兄弟たちも同様です」。

最悪の結末を迎えるきっかけになった事故が起こったのは、そんな頃だったそうです。

誠意のない施設を訴えてやりたい！　でもその先は？

裁判に訴えてでも、施設側の非を認めさせたいと息巻いていたGさん。私の前に相談に行った弁護士からは「裁判を起こせば、過去の判例に照らし合わせても、８００万円程度の賠償となるだろう」と言われたそうです。

賠償額として、それが高いのか安いのか、そもそも裁判が最善の手段なのだろうかと悩んで、当方へいらっしゃいました。

たしかに裁判をすれば「どちらがどれだけ悪かったから◯◯万円」という答えをくれます。弁護士もまた、法律や判例に照らし合わせて妥当な金額を教えてくれるだけです。

けれども「Gさんが本当に求めているものはそれなのだろうか」と、私は思いました。

治療費や入院費など、金銭の問題はさておいても、Gさんのなかには、施設に対して「自分たちの代わりになって母親の介護をしてくれている」という感謝の気持ちはあったそうです。

ところが、事故をきっかけに、一度対立してしまうと、それまでの感謝の気持ちが吹き飛んでしまい、怒りや失望や不信感といった感情が前面に出てきてしまう。それはGさんだけではありません。

それに対する施設側の状況を考えてみましょう。そもそも、好き好んで事故を起こしたわけではありませんし、担当の職員にしてみたら反省も後悔も、言葉にできないほどのものがあるはずです。

それでも相手の敵意を前にすると、それに対抗するために身構え、自らを正当化しようとするのも、また自然な反応です。

まして、施設は組織ですから、契約書や顧問弁護士など、交渉を有利に進めるための土台があります。

不用意な謝罪をしないのは、それを言質に取られて過剰な要求をされたり、裁判で負けたくないという自己防衛本能によるためです。しかし、そのような頑《かたく》なな態度では、お互い引くに引けなくなってしまいますね。

施設側の誠意のない対応とは、まず曖昧な説明で煙にまこうとしたり、「保険会社が対応するから請求があれば言ってくれ」と投げ出したりする態度が典型的です。自分たちの過失の根拠となる証拠を隠蔽したり、当事者である職員を異動させるなどして、利用者の家族に会わせないようにする、といったこともあります。

家族としては施設側のこうした誠意のない対応に怒りを爆発させ、思わず「裁判に訴えてやる！」と啖呵を切ってしまい、その通りに突き進むケースもあるようです。

実際に裁判になれば、転倒事故は、請求額がそのまま認められることは少ないものの、利用者側に有利な判決が多いのは事実です。

その結果、施設が保険会社に支払う保険料は上がり、保険会社は保険金を出し渋るという悪循環が起こっているのが現状です。

前にも言ったように、介護施設で事故トラブルはつきものです。しかし転倒や徘徊などで事故になるたびに裁判になっていたのでは、日本の介護現場は壊滅しかねません。一体どうすればいいのでしょうか。

トラブル対処に取り入れたい、メディエーションの考え方とは？

Gさんのケースに話を戻しましょう。利用者側と施設側が平行線で対立し続けると、結局行き着く先は「裁判で白黒はっきりさせる」ということになります。それが本当に最善なのでしょうか？

この対立の裏にある双方に共通した感情とは何でしょう？　それは、悲しみや後悔、無力感などの「感情」ではないでしょうか。

こうした感情のすれ違いが根底にある問題は裁判をしても解決しないのです。裁判というものは、当事者の感情までも慰謝料として金銭に置き換え、完全にお金の話として解決を図るものだからです。

しかしGさんが問題視しているのはあくまで「事故後の対応に誠意がないこと」

であり、事故を起こしたこと自体はむしろ仕方がないと思いたい、ということだったのです。「裁判が一番良い方法なのだろうか」と自問していましたが、「裁判はしたくない」という気持ちが本音ではないかと私は思いました。

そのようなときに有効な打開策が「メディエーション」という紛争解決術です。これは日本では医療の領域で発展した技術ですが、翻訳すれば「人間関係調整術」となります。対立する当事者の間に**メディエーター***として関わり、双方から説明や主張を聴き取り、お互いの心の底にある感情を引出し新たな「気づき」を提供するというものです。詳細は拙著「介護トラブル相談必携（第二版）」（民事法研究会）をご覧いただきたいのですが、私は介護トラブルにこそこのメディエーションが必要であり有効と考え、自分なりのメディエーション理論を作り上げました。

メディエーションは対立する両当事者が同意しなければ正式には始められませんが、相手の思いを汲み取るメディエーターとして関わることはいつでもどこでも可能です。

私はメディエーターになったつもりで、Gさんの気持ちに寄り添いながら、「裁

メディエーター
メディエーションをする主宰者となる人。

判をしたくない」という本当の気持ちが存在するのか、するのであればどのような事情によるものかを聞き出そうとしました。

Ｇさんは、最初はいかに施設長が冷たく失礼な態度だったか、自分たちの心が傷つけられたかを話されましたが、徐々に施設への感謝の気持ちをぽつりぽつりと話し出しました。

そのうちにＧさんは亡くなったお母さんが生前に「人を恨んでもいいことはひとつもない。憎しみの心は自分を傷つけるだけだよ」と言っていたことを思い出し私に話してくださいました。

Ｇさんは最後に私に言いました。

「施設に言いたいことはたくさんありますが、スタッフの方々が精一杯母の世話をしてくれたのはたしかだと思っています。そのお世話になった人たちを裁判という形で私が訴えると知ったら、母が悲しむのではないかと思うようになりました」

本来、メディエーターというのは対立する二者の間に立って、「どちらが正しいか」ではなく、お互いが本当はどう感じ、どう思っているのかという気持ちを引き出していく役割です。

その目的は、「裁判で白黒つける」というやり方ではなく、両者の共通の思いを見つけ、どのように折り合いをつけるか、というところに着地することです。

これはまだ日本ではほとんど普及していない方法ですが、決して特別であったり、馴染みの無いものではありません。江戸時代なら、村の長老や長屋のご隠居さんなどが自然と日々のトラブル解決のためにやっていたことではないでしょうか。


介護現場の事故、特に最も頻発するご利用者の転倒事故は、身体拘束がＮＧである以上物理的に１００％防ぐことは不可能といえるでしょう。しかし、だからといって施設が「家に居ても起きることなのだから、諦めてください」と言い放つのではどれほど小さな事故も裁判沙汰になってしまいます。

このようなとき施設に求められているのは、丁寧な説明や誠意ある謝罪であり、一方で利用者家族に求められるのは、感情的にならず施設側の言葉に耳を傾け、受け入れようとする態度ではないかと思います。もちろん、損害保険がおりることとは別次元の話ですから交渉はして構いませんが、怒りの感情を施設にぶつけたところで、相手を警戒させてしまうだけであると思うのです。

両者をそのような状態に導くための「メディエーション」は、感情のもつれに起因することの多い介護事故トラブル解決の特効薬となる優れた技法であると思っています。

課題は、このような困難な役割を誰が引き受けるのかということですが、損害保険会社が連携しメディエーター養成機関を立ち上げ、そこからメディエーターを派遣するという構想があります。

決して保険料を抑える目的でやる訳ではありませんが、紛争が未然に予防されればそうした経済効果も出てくることでしょう。関係者の皆様、いかがでしょうか。

第4章のまとめ

・老健はリハビリ施設なので、長くはいられないものと心得ましょう。
・施設事故が起きたときは、施設側と交渉しなければなりません。
・老健の医療設備は十分ではないので、疾患をもつ利用者には家族が主体的に関わりましょう。
・施設の事故責任を裁判所で追及しても、対立が深まりお互いに疲弊してしまいます。
・感情のすれ違いが根底にある事故トラブルは、話し合いとお互いの歩み寄りで解決しましょう。

コラム

運転免許返納はいつまでにすべき？　介護弁護士がもの申す！

高齢者ドライバーの事故が報道されることが増えてきて、世間では「70歳を過ぎたら運転免許を返納すべき」などという論調もあります。

道路交通法が改正され、２０２２年5月からは、75歳以上の高齢者が免許を更新する際、過去3年間に信号無視などの一定の違反歴があるときは『運転技能検査』の受験が義務付けられました。

なかには高齢者の免許返納を呼びかけ、返納した人にはタクシーの優待券などを配布している自治体もあるそうです。

「親がまだ車を運転しているので、『危ないから』と言ってもなかなか免許を返納しない。先生からも説得してくれませんか？」、そんな相談を受けることもあります。

家族の気持ちはわかりますが、事故を起こすリスクは年齢に関係なくありますし、また、過疎地で一人暮らしをしている人など、車を運転しなくては生活できないというケースも少なくないので、やみくもに「高齢者は自動車を運転できないように免許返納すべき」という論調には疑問を抱いています。

この問題に関して私は強い思いがあります。それは、「免許を返納するか、運転するか」という100か0かの議論をすべきではなく、「大事故を起こさないような車を開発し、限定免許制度を導入することでほとんどの暴走事故は物理的に予防することができるはず」ということです。

要するに「事故を起こさない車」ではなく、「ぶつかっても人が死なないような自動車」「アクセルとブレーキを踏み間違えることのない車」を開発し、世の中に普及させてほしいのです。

たとえば車体やフロントバンパーをシリコンなどの柔らかい素材で覆うとか、原付バイクのように最高時速30キロくらいしか出せない仕様にして、高速道路への乗り入れはできないこととするなど。高速での暴走問題については、たとえば高速の入口でエンジンが自動的に止まるなどしてストップがかかるようなセンサーを組み込みます。

踏み間違え問題については、そもそもアクセルとブレーキという正反対の機能が隣同士にあるのがおかしいのです。アクセルはバイクのように手で入れる仕組にすれば良いでしょう。現に、障がい者向けに、ハンドル部分にアクセルがあり、ブレーキは足で踏むという設計の自動車は市場に出ています。これならば、その二つを誤って操作することはあり得ません。

この点、政府が産官連携で開発した**サポートカー***（**サポカー**）なるものがありますが、自動ブレーキや急発進抑制装置が路面や気象条件によっては作動しない場合もあり、不十分と考えます。

たとえば、ゴルフ場で使っているカートを改良し日常生活で高齢者が使っているコミュニティがあります。もちろんその車では、高速道路は走れませんし、いろんな制限も設けられています。しかし、生活圏を移動するのには十分でしょう。

買い物に行ったり、病院に通ったりするときに使える「高齢者の足」、それが求められており、これからますますニーズは高まります。

サポートカー
セーフティ・サポートカーの略。政府は高齢ドライバーの交通事故防止対策の一環として衝突被害軽減ブレーキなどの先進安全技術でドライバーの安全運転を支援するクルマ。

このような自由な発想で、高齢者が安全に運転できる車を、産学が連携して開発し、実用化させるべきです。たとえば75歳以上になったらこのようなスピードの出ない車しか乗れない限定免許とする、など。

それに合わせて、道路の設計や法律など社会の仕組みも、先入観にとらわれずどんどん変えていくべきです。

少なくとも、事故が起きるたびに「高齢者が運転するのは危ないから、やめるべき」などと言うことは、抜本的な解決にはならないし、回りまわって自分の首を絞める結果になるのではないでしょうか。誰でもいずれ高齢者になるのですから。

第5章

住み慣れた家か、安全な施設か

施設入居検討編

「わたしゃてこでも動かないよ」をどう説得する？

元気なころは「介護が大変になったらいつでも施設に入るよ」と言っていた人でも、施設の見学や手続きなどの準備が進み、いざ入居、というときになってから「やっぱり住み慣れた我が家にいたい」と言い出す場合があります。

ご家族から「どう説得したらいいでしょう？」という相談を受けることがありますが、残念ながらこれに対する正解はありません。

施設入居に限らず言えることですが、すべての人には人権がありますから、施設に無理やり連れていくといった強制は当然できません。

認知症の親御さんを半ば騙すように施設へ連れていくケースも見られますが、「家に帰りたい」という要望が強まりパニックになるだけで、結局は施設に迷惑をかけてしまいます。

しかし、だからといって介護度の高い高齢者を家族が同居ないし別居しながらサポートし在宅生活を続けることは大変ですし、一人暮らしであれば犯罪に巻き込まれたり行方不明になるなど一層危険も伴います。

一般的に、どのような条件を満たせば施設に入居すべきといえるでしょうか？

・料理や洗濯など、身の回りの家事が一人でできなくなったとき
・入浴介助が必要になったとき
・自力で歩けなくなったとき
・食事や排泄に何らかの介助が必要になったとき

いろいろな基準が考えられますが、それらを本人に考えてもらうことが、ひとつの説得方法になるかと思います。

そのような話し合いの場に家族や親族だけでなく、ケアマネージャーや医師といった専門家に立ち会ってもらい、アドバイスを受けながら進めていくとか、ネ

ガティブな不安要素を聞き出すことも突破口になるかもしれません。「鍵もかけられない部屋に住むのは嫌」ということであれば、特別に内鍵を取り付けるなどプライバシーを尊重してくれる施設を探す、ということが考えられます。

それでも本人が納得しない、あるいはそういう判断が自分ではできない場合などには、荒っぽいやり方になりますが、認知症のご本人に成年後見人をつけてその判断のもとに進めていくということが考えられます。成年後見人は本人の法定代理人であり、本人のために施設の入居契約等をすることが可能であるためです。しかし、そうかといって嫌がるご本人を無理やり引っ張っていくようなことは人権侵害に当たるためできないことであり、限界はあるものと思います。

最大の落とし穴「終の棲家なんて無い」は本当?

何とか親をなだめすかして施設に入れたらそれで安心、完全に手が離れる……というわけには、残念ながらいきません。その施設に「最期まで」いられるかどうかは施設によるからです。

たとえば「終の棲家」とされる特養（特別養護老人ホーム）ですら、肺炎になり**喀痰**《かくたん》*吸引が常時必要な状態になったら、文字通り「死ぬまで」居られる保障はないのです。近年では介護職でも一定の条件を満たせば痰吸引ができるようになりましたが、職員全員ができるわけではありません。一方で吸引は常時必要となるため、ほぼつきっきりで吸引しなければならない利用者が１名、２名と増えていくといつか許容範囲を超えて手がまわらなくなってしまいます。

そうなると、「うちでは医療的ケアに限界があるので、入院して頂いた方が……」などとやんわり退去を求められることになりかねません。万一事故や急変が起きたときに、施設側としても責任を負いかねると考えるためです。

ですので、施設を選ぶときには、「終末期をどうするか？」ということまで含めて考え、その点も施設側とよく話し合う必要があるでしょう。

効果の薄い延命治療などはおこなわず、高齢者が自然に亡くなられるまでの過程を見守ることを「看取り」と言いますが、最近の介護保険では「看取り加算」という報酬が設けられ、病院ではなく自分たちの施設で看取るよう推奨していま

喀痰
咳をしたときに喉から出てくる粘液状のもの。痰。

す。ところがそのような国の思惑とは裏腹に、「看取りまではしない」という方針の施設もまだまだ多くあります。厚生労働省の人口動態統計（2022年9月公表）によれば、病院死は2005年をピークに逓減《ていげん》しつつあるものの依然として断トツで一位です（2021年1年間に死亡した人の場所として「病院」は65・9％、「自宅」が17・2％、「老人ホーム」が10％となっています）。

施設での看取りが進まない理由としては、医療的なサポートができない、職員がご利用者の死に向き合うことによる精神的ショックを考慮して、あるいは、家族間のトラブルに巻き込まれたくないなど複数考えられます。

しかし、当たり前のことですが人間は誰もがいつか死を迎えます。そして、死に最も近い場所が介護施設であるならば、施設が看取りの役割を放棄すればどこがその役割を担うのかという問題に逆戻りしてしまうでしょう。やむなく自宅に帰っても、寂しく孤独死していくような事態を減らすために、看取り体制を整えてきたのではないでしょうか。

それでは自宅での看取りは？　となるとそれも簡単ではありません。

多くの高齢者の思いは、住み慣れた生活空間のなかで、日常の延長で穏やかに最期を迎えたいというものがあります（２０１８年厚生労働省「人生の最終段階における医療に関する意識調査」より）。

しかし、それは難しくなっているのが現実です。

酸素吸入器や点滴などの医療的な措置が必要なときには、結局は入院しなければならなくなるからです。今は定期巡回型の訪問介護や訪問看護という、家にいながらにして施設のように職員が自宅を巡回してくれるという便利なサービスも登場してはいますが、いざ容態が深刻な状態になり看取りが視野に入ってくると、「このまま在宅生活を続けましょう」と、勇気ある決断ができる主治医やケアマネージャーがなかなかいないというのが現状です。

その背景には、やはり施設同様、何かあったときのリスクを負いたくない、トラブルに巻き込まれたくないという事業所側の都合があるのでしょう。

ですが元々、１９５１年に亡くなった人の８割以上は自宅死でした。それが半世紀の間に逆転し、今も７割近くが病院で死を迎えているのです。

そうであれば、昔の状態に回帰することは可能なはず。第一歩は、やはり自分自身がはっきりと意思表示をすることからでしょう。

「無理してまで延命治療は受けたくない。」「もう十分生きたから、自然な形で逝かせてほしい」「尊厳を保った死を迎えたい」と思っているならば、元気なうちに「**延命措置***はしないでほしい」という意思をはっきりと家族に伝えることが必要です。

なお、「尊厳死」という言葉がありますが、これは**日本尊厳死協会***によれば「不治で末期に至った患者が、本人の意思に基づいて、死期を単に引き延ばすためだけの延命措置を断わり、自然の経過のまま受け入れる死」と定義されます。薬物などを使って死期を積極的に早める「安楽死」とは全く異なるため、注意が必要です。

まだこの辺りのことについては、法律的な整備がされておらず、「この書面にサインさえもらえば、100%免責される」といった確たる根拠が存在しません。厚生労働省が定めた「終末期医療の決定プロセスに関するガイドライン」というものが一応存在しますが、内容は「関係者で話し合って決めてください」ということに過ぎず、正直大して役に立たない印象です。

延命措置
死の危険に瀕しているとき、死に至ることを避けるために施される医療行為。

日本尊厳死協会
1976年設立。自分の病気が治る見込みがなく死期が迫って来たときに、延命治療を断るという死のあり方を選ぶ権利を持ち、それを社会に認めてもらうことを目的としている。

そのため延命をしないことに躊躇する医療関係者がまだまだ多いのが実態ですが、本人が終末期になったときに延命治療を希望するかどうかについて意思表示すること自体は法的にも問題なく、また憲法上の重要な人権である「**自己決定権**＊」に根差すものであるため最大限尊重されなければなりません。

このことは普段の生活においても同様であり、たとえば、誤嚥性肺炎等のリスクがあっても、人生の最期に自分が食べたいものを食べ、飲みたいものを飲むことなどについても意志として周囲に求めていくことが可能です。

このような意思表示の方法として、定まった書式があるわけではないのですが、証拠化できるよう最低限書面にしておくことが必要です。何かのついでに雑談のように言っても不十分です。

「事前指示書」「**リビング・ウィル**＊」などタイトルや文面は何でも構わないので、自分の希望と、署名、できれば作成日付も書いておくことです。

脳梗塞による麻痺等の理由で、自分で書くことができない場合であっても、家族全員が揃っているところで言うとか、書面や音声などの記録として残しておくことが大事です。いざという時に家族の誰がどのように聞いたのかで揉めたり、

自己決定権
個人が自らの事柄について自由に決定する権利。

リビング・ウィル
介護（看護）されている人が自分で意思表示ができなくなったときに、意に沿わない死期を引き延ばす延命だけの医療措置を受けないことを、自分で意志判断ができるうちに作る事前指示書。一時的に生命維持が困難になったときの回復を目的とする救命措置を拒むものではない。

本当に本人の希望なのか関係者が判断に困るなどして混乱することを避けるためです。

家族の立場から、親御さんなど本人の意思を確認する場合も同様です。最終的には書面で意思表示をしてもらう必要があります。

終末期や看取りに関する話は「縁起でもない」と嫌われ、「財産を狙っているのでは」と痛くもない腹を探られかねない話題なので躊躇してしまいがちですが、本人の望まぬ最期を避けるチャンスは今しかないかもしれません。

もちろん、自分の考えを押し付けて書類を無理に書かせたり、誘導的に質問して録音しても、法的には有効と評価されません。

他の家族や親族など、誰が同席するかについても吟味する必要があるでしょうが、いずれにせよ落ち着いた環境でじっくりと話し合うことが大事です。

「最期まで自由に自分らしく生きたい」は年寄りのわがまま？

〈ケース１〉

Ｈさんのお父さんは86歳で施設に入り、２年経ったころのある日、昼食後のうたた寝中に意識を失い、異変に気がついたスタッフが病院に連絡して救急搬送されましたが、そのまま帰らぬ人となりました。

死因は誤嚥性肺炎が引き起こした心不全ということで、Ｈさんは最初「なぜちゃんと見ていてくれなかったのか」と担当のスタッフを責めたそうです。

しかし、主治医の先生が施設側や病院側のさまざまな状況や事情を伝え、「昔だったら老衰と言われた可能性が高いでしょう」と伝えたところ、Ｈさんは落ち着きを取り戻し「そう考えたら、父はむしろ非常に幸せな亡くなり方をしたのかもしれません」と、担当のスタッフに謝罪したそうです。

痰や唾液が喉に詰まったり、肺に入って窒息したりすると本人も苦しい思いをします。その状態が続き脳への酸素供給が断たれると、いわゆる植物状態で生き永らえることになります。

見解の別れるところでありますが、そのような「植物状態になってまで生き永らえたくない」という意思表示がなされなければ、周囲としては生命を維持する方針をとらざるを得ません。それが本人の希望ならば、他人がとやかく言うことではありませんが、意思に反した形ならば、気の毒なことだと言えるでしょう。

〈ケース2〉

Iさんは、89歳で逝った兄を見舞ったとき、枯れ木のような身体が管だらけになっているのを見てショックを受け、初めて自分の最期について考えるようになったと言います。

「今まで漠然と、自分が死ぬなんてまだまだ先、と思っていましたが、もうすぐ平均寿命を迎えることを考えたら、自分で動ける今のうちにちゃんと準備をしようと決心しました。」

地方の中核都市に住むＩさんは要支援２、週１回のデイサービスを利用しながら日常の買い物や散歩はもちろんのこと、年に何度かは友だちとの旅行を楽しむ、気ままな一人暮らしを楽しんでいます。

子どもたちは遠くに住んでいて、近くにいい施設があるから来てくれたら安心だと言いますが、Ｉさんは今の暮らしが気に入っているそうです。

少なくとも、自分で食事や排泄ができるうちは自分の家で生活したい。施設に入るときには、最期までいられるところに行きたい。意識がなくなったら延命はしないでほしいと希望しています。

そのことがきちんと守られるように、と私のところに相談に見えました。「最期まで自立して自分らしく生きたい」というＩさんの願いはとてもシンプルですが、難しいものでもあります。

「好きなものを食べたい」「タバコが吸いたい」といったちょっとした楽しみ、小さなわがままも、高齢者にとっては、深刻なリスクになることがあります。

家族を含む周囲の人たちにとっての「リスクはできる限り避けたい」という思いと、高齢者の「最期まで自由に、自分らしく生きたい」という願いは、ときに対立することもあるからです。

だからといって、それを恐れて自分の意思を伝えなければ、選択肢がどんどん少なくなっていくのが現実です。できることは、家族や親族などに早めに自分の希望や見通しを伝え、理解者を増やし味方につけることです。

その話し合いのときに、延命治療に関する事前指示書や、法的な裏付けのある遺言書を作成しておくことは、説得力という点で効果があるでしょう。

自分で決められるうちに行動したIさんは先見の明があると言えるかもしれません。

素朴な疑問「高ければいい施設なの?」

よく聞かれる質問のひとつが、施設の入居金や利用料などの費用と、サービスの質の相関性です。介護施設のサービスの質とは、建物の機能設備や料理の味などもあるかもしれませんが、ほとんどは「スタッフの質」ということになるでしょう。

したがって給与が高ければ、スタッフの意識も高いということはあるかもしれません。けれども安いからと言って、スタッフの質が悪いかということも一概には言えないのが、介護の面白いところです。

また、入居金数千万円など、いくら高いお金を払っていても、それがきちんと人件費に反映されているとも限りません。たとえば、都心の一等地にある施設は、当然地代や賃料の比率が高くなるはずです。

ですから、「安かろう悪かろう」ということはいい得るとしても、「高かろう良かろう」という保証はどこにもない、というのが答えになります。平たく言えば「当たりはずれ」が大きいのです。その理由としては、そもそも介護というものの「質」は数値化が困難であり、よそと比較検証しづらいという特徴が挙げられるでしょう。

たとえば普段のケアを提供するなかで、利用者との世間話やコミュニケーションが多い職員と、無駄口をきかずてきぱきとおむつ交換などをこなす職員と、どちらが「質が高い」といえるでしょうか。

答えは十人十色です。人によりその評価はさまざまに分かれ、何が優れているかを判定する物差しも確たるものが存在しないことが分かりますね。

では一体、何を見たらその施設の良し悪しがわかるかというと、私は経営者（代表者）の経歴と経営方針に注目することをおすすめします。

パンフレットや広告ではどの施設も良いことしか書かないので見分けがつかないという人もいるでしょう。

見学に行ってみれば、営業担当者が出てきて、立板に水のトークでいいことばかり言う。相手のペースに飲まれてしまって、聞きたいこともろくに言えなかった、などという体験談をよく見聞きします。

そのようなときは落ち着いて、まずその経営者や団体が「なぜ、どのようないきさつで介護という分野に参入したのか」という点を調べてみてください。

偏見かもしれませんが、たとえば「ずっと金融業界にいたが、本社が介護事業にも乗り出したので社長の座についた」といった経歴を見たときは敬遠した方がよいかもしれません。一方で、「日本の**介護現場が3K**＊と揶揄されることが堪らず、理想の現場を創るために創業した」といった熱い志が語られている施設であれば、安心できますね。

ただ単に「超高齢化社会に寄与するために」とか「お年寄りの笑顔のために」といった漠然としたことしか書いてなければ、「こだわりのない施設なのだろうか」と不安になります。経営が上手くいかなくなれば、すぐに事業譲渡して手放してしまうかもしれません。見学のとき、「なぜここで介護の仕事をしているのか」「この法人、施設の介護に対する思いや理念はどのようなものか」と施設長やスタッフに質問してみるのも良いでしょう。

きちんとビジョンや哲学をもって一人ひとりの高齢者に向き合ってくれる施設なのか、それともビジネスとして見込みのある業界だからといった安易な理由で施設運営しているのか、その分かれ目は案外誰もが見落としがちな代表者の「ご挨拶」などに表れているものです。

後者のような運営者の場合、残念ながら利益が見込めないと判断したら、その

介護現場の3K
きつい、汚い、危険。

施設は別の企業や団体にM&A*の形であっさりと売却されます。
経営団体が次々に変わっている施設というのは、じつは珍しくないのです。そのような施設では、たとえば最初は手作りだった食事が、レトルトや冷凍食品に変わり、夜間の見回り回数は半分になり……というような事態が起こっています。

スタッフの入れ替わりが激しいこともサービスの低下に直結します。スタッフが定着しにくい理由としては、給与が安すぎたり、勤務条件が厳しかったりすることが原因であるケースが多いですが、一番の理由は「人間関係」です。介護は密なチームワークで成り立っているので、嫌な思いをしたりコミュニケーションがうまくいかない現場では、危険が利用者に及ぶ可能性もあります。いわゆる「お局様」が全体を支配しているような施設は、息苦しくてスタッフもすぐに辞める傾向があります。

また施設内で、派閥争いが深刻な場合もあります。リーダー同士の仲が悪くなり、それぞれに従う職員たちが相手陣営の不備や、ときに「利用者に虐待をした」などと難癖をつけ行政に通報し、大ごとになってしまったというケースも聞いた

M&A 企業の合併・買収。

ことがあります。

さらに深刻なケースとしては、施設内で派閥争いが昂じて、あるグループの職員全員が一斉に退職してしまったという事件もありました。取り残された利用者は命の危険にさらされますが、部外者である家族の立場では、介助を手伝うことはおろかコロナ禍において施設内に立ち入ることもできません。やむを得ず退去させようにも行先がなく、途方に暮れることになります。

そのような事態に遭遇しないよう、風通しがよく人間関係が良好な施設を選びたいものです。現場で見極める簡単な方法は、「挨拶が活発に行き交っているか」を見ることです。

その他、施設見学時の注意点を次にまとめたのでご参照ください。

はじめての見学、最低どこを見たらいい？

前述のように、施設のパンフレットやホームページだけでは、どれも同じように見えます。しかし、実際に入ってみると最初の印象とは違ったということもよくあります。

その違いはそれぞれの施設の運営方針から来ているのですが、実際のところは、外から見ただけではわかりません。

コロナへの対応も施設によりまちまちで、施設見学もロビーなど一部しか見られないことがあるかもしれません。でも、せっかく足を運んだのですから、ぜひここは気になったことを何でも聞いてみましょう。

ご利用者や家族にとっての関心は、おおよそ次のようなことではないでしょうか。

- 病気や怪我をしたときはどのような処置や対応をしてくれるのか？
- 病院に入院した場合、退院するときは同じ施設に戻れるのか？
- 入院している間の料金負担はどうなるのか？
- 看取りはしてくれるのか？　どのようなことをいつ話し合うのか？

〈ケース３〉

Ｊさんは、82歳の認知症のお母さんが施設に入り、これでようやく仕事に復帰できると安心したのも束の間、お母さんにちょっとした異変があると施設から連絡があり、その都度、電車とバスを乗り継いで会いに行かなければならないということになって「これでは今までと同じじゃないか」と思ったそうです。

施設側としたら、まだ新しい環境に慣れないお母さんのことをＪさんも気にしているだろうし、お母さんもＪさんの顔を見れば少しは落ち着くだろう、との思いがあったのでしょう。

施設も千差万別なら、利用者の要望もそれぞれです。すべての要望に対してパーフェクトな施設というのはなかなかないので、それぞれが何を優先したいかという条件をあらかじめ決めておくことが大事です。

予算なのか、医療体制なのか、施設の清潔さや雰囲気か、それともロケーションか。3つくらい優先順位をつけたそれらの要因に対して、どの施設がどの程度満たしているのかを吟味します。

それらを自分なりに「5点満点で3」という具合にそれぞれポイントをつけてみれば、総合して高い点数のところが一番条件に合っている施設ということになります。ひとつの目安ではありますが、参考にしてみてください。

特養は「安かろう悪かろう」と言われているけど本当？

特別養護老人ホーム（特養）は、国などの公的機関が運営する施設なので、予算という面では優位性があります。特養のような安い施設へ入れるのは、親に申し訳ないと思うことはまったくありません。「サービスの質はスタッフの質」という意味では、社会福祉法人で働く人たちは準公務員なので安定しているし、教育も一定しています。

ただし、その安定が「毎年同じことを繰り返すマンネリ化」を生んでいる面は否めないでしょう。それがスタッフのやる気を下げているかどうかはケースバイケースです。

第1章の「かしこい地域包括センターの利用法」（28頁）の項目でも書きましたが、誰がどのようにやってもそれが給与に反映されないシステムが未だに主流なので、やる気度の高い低いはその人次第ということになります。

厚生労働省は、２０１７年10月に「介護人材に求められる機能の明確化とキャリアパスの実現に向けて」というガイドラインを発表しました。

これにより、介護職の処遇改善のため、また利用者の多様なニーズに対応できるように、現場でのリーダー職を養成するなど、介護職の人たちがその意欲・能力に応じて**キャリアアップ***を図ることを目指しています。

介護職員の**キャリアパス***として一般的な例を紹介しますと、まず「**初任者研修***」を一定期間受け、介護施設で働く資格を得ます。

次に「介護福祉士実務研修」を受け、「介護福祉士」の受験資格を取得します。国家資格である介護福祉士になるには、定められた学びや経験を習得し、さらに

キャリアアップ
より高い能力を身につけて経験を積み上げること。

キャリアパス
職員一人ひとりが目標や、やりがいを持って働ける環境を整えるための制度。

初任者研修
在宅や施設を問わず介護職として働く上で、基本となる知識と技術を習得する研修。

試験に合格しなければなりません。

このコースでキャリアアップすれば、それによって資格手当てがつき、給料もアップするということです。

さらに2019年10月には、「介護職員特定処遇改善加算」の取り組みが始まり、介護職員の賃金を、全産業の平均年収の440万円に引き上げることを目指しています。

以上のようなことから、介護施設に関して特養だから「安かろう、悪かろう」ということは決してありませんし、逆に「民間だから高いサービスを受けられるだろう」という保証もないのです。

何で最初にがっぽり取られるの？　入居一時金のシステム

〈ケース4〉

Kさんは75歳で経営していた会社を甥に継がせてリタイアしました。独身だったこともあり、それを機に民間の有料老人ホームへの入居を検討することにしました。どうしても気になるのは「入居一時金」のことだと言います。

「施設を何カ所か見学に行ったところ、いくつか候補が上がりました。しかし、入居一時金というのが、あるところでは200万円が必要と言われ、別のところでは1500万円、調べてみればその一方で0円というところもあるのです。このシステムはどういう性質のものなんでしょうか？」という質問を受けました。

有料老人ホームには、入居一時金という特有の制度があります。

これについては、老人ホームに入ることを、不動産契約に置き換えるとわかりやすいかと思います。

たとえば、賃貸物件に入居するときは部屋を汚したり傷つけたりしたときや、家賃の支払いが滞ったときに備えて、あらかじめ「家賃1～2ヵ月相当額の前払い金」を敷金として支払う通例があります。敷金は払うべき経費が発生しない限り退去時に全額が戻ってきます。

有料老人ホームの場合、月額の利用料や共益費などをもとに算出した入居一時金をとる施設がありますが、理由なく償却（天引き）されるという特徴があります。

入居一時金については、一定の期間は設けられていますが、何らかの理由で途中で退去することになった場合は基本的に償却されていない分の金額のみ返却される仕組みとなっています。

もうひとつ、不動産の取得契約でローンを組むときの「頭金」という性質もあります。一時金が高ければ、毎月の利用料の支払いは少なくて済み、逆に一時金が0円の場合にはその分毎月の支払いが高くなります。

いずれにせよ、賃貸不動産の「敷金」にまつわるトラブルが絶えないのと同様に、老人施設での「入居一時金」に関してもグレーな部分が多いことは否めません。

こうした前払金の算定根拠の明示は、**老人福祉法***上では定められていますが、たとえば初期償却の数値についての具体的な基準までは存在しないのです。

私はKさんに「納得がいく説明があるまで、決して契約はしないように」と

老人福祉法
高齢者福祉を管轄する施設機関や事業について定められた法律。都道府県や市区町村において、老人居宅生活支援事業、老人福祉施設に関して規定している。

アドバイスしました。さらに、「入居した後も、３ヵ月をエックスデーと見なし、そのときまでに永続的に入居するかを判断してください」とも言いました。これは２０１２年から導入されたクーリングオフ制度で、通称「90日ルール」と呼ばれます。入居後３ヵ月以内であれば利用者側から解約し退去した場合、施設は前払い金から家賃など入居中の実費を差し引き、残りが無条件で全額返還されます。これにより、理不尽な「初期償却」をされずに済むのです。

具体的に何月何日が期限日（エックスデー）となるかは間違いがあってはならないので、契約時に施設側に確認し認識を共有しておくと安心です。

医療的対応はどこまで可能？　医療法人が経営する施設なら安心？

施設の見学をして入居先の候補もいくつか上がったKさん。第一候補は「医療法人が運営する施設」でした。

私は、「医療法人が運営する施設だから、医療的な対応がしっかりしているだろうと思う人は多いですが、必ずしもそうではありません」とアドバイスしました。

施設長が医師の資格を持っているといっても、病院を定年退職していたり、非常に高齢であまり現場に出てこないといった場合もみられます。

「健康診断があるから、病気だったらすぐわかるだろう」という期待も、ときには危険です。医師にはそれぞれ専門とする診療科目があるので、専門外の病気の発見が遅れることも珍しくはありません。

身体や健康のことは施設に丸投げせずに、気になるところは信頼のおける医療機関で検査や診察を受けるなど、できるだけ自分たちで健康を守るようにしましょう。

入居したい施設の候補が見つかった。次にすることは？

Kさんのように候補先が絞られたら、次にするのは**体験入居***です。パンフレットに書かれていなくても、大体の施設では体験入居を受け入れてくれます。体験

体験入居
ホームの見学したあとに入居したいと思ったら、数日間そのホームに滞在する体験入居をしてスタッフや入居者の雰囲気や設備など自分がこれから暮らす環境として合うかどうかをチェックすることができる。

入居は見学とは違って有料ですが、入居してから「思っていたのと違う」「こんなはずじゃなかった！」というミスマッチを避けることもできるので、試してみる価値はあるでしょう。

体験入居でチェックすべきポイントは、大まかには次のような点です。

- 安全性や衛生面に配慮され、館内の掃除が行き届いているか？
- 契約で謳われる介助や支援、リハビリがきちんとなされているか？
- 部屋の居心地や設備の使い勝手は？
- 食事は自分の好みや体質などに合っているか？
- レクリエーションやイベントは楽しめる内容か？
- 不自然に怯えたり、大声で抵抗するような利用者はいないか？（虐待の可能性）
- 入居者やスタッフ同士の雰囲気は和やかか？

身元保証サービスは、おひとり様の強い味方？

〈ケース5〉

Lさんもまた独身で、一緒に暮らしていた母親を特養に入れてから、自分の老後について考えるようになったと言います。

「私はまだ50代ですが、兄弟もおらず、親戚ともすでに縁が途絶えています。年をとってから介護してくれる人もおらず孤独です。老後のことを考えると不安で眠れなくなるときさえあります」。

そんなときにLさんが知ったのが**身元保証サービス***でした。これは入院するときや、老人施設に入居するときなどに求められる身元保証人の役割を提供してくれるサービスです。

一般的には家族や親族がなるのですが、ひとり暮らし世帯が増え、当事者が高

身元保証サービス
家族に代わって病院への入院や、福祉施設、賃貸住宅への入居時の身元保証人として引き受けるサービス。有料老人ホームや高齢者向けの住宅などへの入居には「身元保証人」が必要になるが、独身で親類縁者もいない、家族はいるが頼めないといった高齢者は「身元保証サービス」を利用することができる。

齢化するなかで、その役割を代行するのが身元保証サービスです。

時代が生んだニーズに応えている、といえばその通りで、流通大手企業やクレジットカード会社が母体となっている団体から、ＮＰＯ法人や宗教団体など、さまざまな分野からの参入があります。

比較的新しいサービスなので、まだ法的整備、監督機関やガイドラインもなく、どんなことをどのようにしてくれるのかはすべて契約書ベースです。

「老後が不安で仕方がない」という人の弱みにつけ込んだり、認知症が始まっている人を言いくるめたりして契約をとるようなコンプライアンス意識の低い団体も多く、利用者とのトラブルも多い実態もあります。

たとえば、身元保証サービスに関して次のケースのようなトラブルの相談がありました。


〈ケース６〉

85歳の独り身のＭさんが、入居しようとした施設から、ある身元保証事業者を勧められました。

ところが、その事業者はとてもいい加減なところでした。パンフレットには「2、3ヵ月に一度の定期訪問」と書かれているにも拘わらず、契約書にはそのような記載がありません。「実際には一度も来てくれない」という別のご利用者の苦情をネットで見つけました。

また、肝心の保証額については、パンフレットでは「上限60万円」と記されています。ところが契約書では「無制限」とありました。明らかに契約内容が矛盾していたのです。幸い、Mさんには姪がいたので、姪御さん経由で私のところに相談に来られ、直前で止めることができました。

ケース5のLさんのように相談者がいない場合、トラブルを避けるためには、まず運営はどのような団体かを知ることが必須です。トラブルのなかには、法外な供託金を求められ、そのまま使い込まれてしまった事例もあるので、やはり経営基盤がしっかりしているかどうかの確認は必須です。

そして自分が身元保証人にどのようなことを求めるかをはっきりさせた上で、

契約書に書かれている内容を逐一確認することです。なかには、契約書をよく読まないまま「自分の死後は身元保証業者に財産を遺贈する」という内容にサインしてしまった人もいます。

サービスについても、普段の話し相手から緊急時の病院への付き添い、入居金の連帯保証、死後の私物処分などさまざまな内容があり、パッケージ化されていることもあるので、どれが自分に必要なのかを見極める必要があります。

たとえば「2ヵ月に一度入居先の施設を訪問する」というサービス内容だったにも関わらず、実際にはそれが守られていない、クレームを言いたくても窓口がないなどのトラブルに陥るケースがあります。

預けた供託金がどのように使われているかもわからず、それがなくなったら「金の切れ目が縁の切れ目」とばかりに放り出されてしまう。そんな詐欺まがいのトラブルも発生しています。

もし毎月の利用料が払えなくなって、施設を出ていくことになったら、その先はどうなるのでしょうか。

ご本人に財産がなければ、役所に保護され、生活保護（生保）を受給することになるでしょう。認知症であれば、役所が後見人をつけてくれます。その上で、生活保護の予算で入れる施設へ移されます。

そのすべてがそうとは言いませんが、いわゆる生保の利用者を優先的に受け入れる民間施設（特養など公的な施設は除く）は、いわゆる**貧困ビジネス***の温床になっている可能性があります。

介護保険の収入を増やす目的として、施設に入居しているにもかかわらず、明らかに不要な訪問介護（外出、買い物など）を毎日入れたり、医療保険目的で利用者に大量に薬を与えていた施設が実際に過去ありました。ある施設では、スタッフがおむつ交換を面倒がり、まるで玉ねぎのように何重にもおむつを巻いていたということもありました。

なぜ生保の人でも格安の家賃で入居できるかというと、その裏で介護保険と医療保険を限度いっぱい使い、お金を引っ張り採算をとるというのがカラクリです。貧しい入居者を金のなる木として扱う、まさに貧困ビジネスです。

しかし、そのような施設側の言い分としては、「もし自分たちのような施設が

貧困ビジネス
困窮している人の弱みにつけ込んで、利益をあげる悪質な事業者。例えば、違法な家賃の取り立てや、囲い屋と呼ばれる者による生活保護費の搾取など。貧困ビジネス事業者は、社会的企業を標榜しながら、実際には生活に困窮した状態から抜け出せないようにして、不当に利潤を得ていることが多い。

なければ、生保の人は行き場がなくなる。自分たちのしていることこそ福祉事業である」ということなのかもしれません。

なかには、公然の秘密として行政とつながっている施設もあります。行政の福祉課としても、どのような問題や背景を抱えている高齢者でも無条件で引き取ってくれる施設は好都合であり、退院した人やお金のなくなった人を回すのです。

もちろん、公的サービスがすべて根拠に基づき適正に提供され、利用者が幸せであれば何も問題はありません。問題は、そのような利用者は大抵独り身であり、家族や関係者が外部から監視することがないという環境にあります。

そのような施設では、報告先がないのをいいことに、施設内で事故や虐待が起きても隠蔽し、なかったことにしてしまうかもしれません。入居者の年金や生活保護費が振り込まれる通帳を「預かる」という名目で取り上げ、死後勝手に自分たちのものにしてしまう施設まであると聞きました。正に骨の髄までしゃぶりつくす悪魔のような施設です。

このような課題は貧困ビジネスの施設に限ったことではありませんが、コロナ禍が続き外部の目が行き渡らなくなってしまったため、なかの利用者の人権が守られているかをしっかり見守り続ける必要があります。

「おひとり様」が増えるなかで、身元保証事業はますます活況を極めていくことと思いますが、明確な法整備が進んでいない現状では、あまり頼らない方が良いでしょう。

そのような業者を使わなくても、血縁関係はなくても信頼のおける友だちや後輩などと、関係を作っておいて最低限のことを頼むことができれば、それが一番安心ではないかと思います。

あるいは、自分に判断力があるうちに任意後見契約を成年後見に精通した士業や、司法書士会などの公的団体に依頼することもおすすめです。法律の専門家が提供するサービスであり、「食い物にされる」というリスクはまず考えられません。

サ高住のメリット・デメリットとは？

サ高住（サービス付き高齢者向け住宅）とは、高齢者が安心して住むことのできる高齢者向けの賃貸住宅です。２０１１年から始まった比較的新しいシルバービジネスの形態です。

以前から、賃貸住宅の家主が高齢者に部屋を貸したがらない、ということが社会問題としてクローズアップされるようになりました。

高齢者も入居可能な賃貸住宅へのニーズが高まることで、60歳以上の高齢者もしくは年齢60歳未満で要介護認定を受けている方を対象に、入居を断らない高齢者に特化した住宅が開発されました。それが「サービス付き高齢者向け住宅」です。建物はバリアフリーで、安否確認をしてくれる管理人がいるのでいざとなれば介護や医療面でのケアにつなげてもらえます。生活相談などの付随サービスを受けることもできます。また、寮のように食事が提供され、利用者同士が交流できるダイニングが設けられたサ高住もあります。

メリットとしては、賃貸住宅なので個々の利用者のプライバシーが保たれること。また、60歳以上ならば誰でも入れるという幅広い人たちを利用者の対象としている点も魅力で、なかには80代の親と60代の子どもが同じフロアに別々の部屋で入居したという話も聞きます。

サ高住は、テナントのコンビニのように1階にデイサービスなどの介護事業所を設置することが多いです。利用者は、通常サ高住を運営する法人が同じく運営するサービスを利用することになります。

利用者の基本的な行動は、建物内のデイへ通ったり、元気な人は会社へ通勤したり、旅行に出かけることもあります。このように自由であるということもメリットですが、その範囲はケースバイケースです。特にここ数年のコロナ禍においては、面会や外出などの自由がどこまで保証されるかという点も未知数です。

明確なデメリットには当たりませんが、あらかじめ頭に入れておきたいことは、サ高住は「サービス」が受けられるとは言っても、それは本格的な介護ではありません。いわゆる介護施設ではないからです。

政府が補助金を出すためサ高住は急速に増えましたが、不動産会社などのディベロッパーが建物を作り、介護系の企業に貸すというケースが多く、常駐しているスタッフの数も多くありません。なかには一般のマンションのように管理人が一人だけというところもあり、いざという時の対応も、何かあった時の責任も不十分です。たとえば各戸を管理者が回る「安否確認」は、一日一回が義務付けられているにすぎません。そのため、日常生活に不安が出てきたような場合、結局は自宅にいるときと同じく一から新たな入居先を探すことになります。その施設探しや手続きも入居者自身がおこなわなければなりません。

どんな人でも、入居したときは元気でも、年月がたてば老化には逆らえません。サ高住は「終の棲家」には通常なり得ないのです。そのことは念頭に入れておきたいものです。いざというときに、そのサ高住での〝サービス〟が追いつくかどうかを、あらかじめ確認しておくことが必要です。

一般の賃貸不動産物件同様、借主の地位としては借地借家法で権利が守られているのですが、契約が「分かれている」という点が落とし穴です。つまり、サ高住への「入居契約」は賃貸であっても、それに付随する「介護保険サービス」については通常の利用権と同様なのです。

たとえば、「看護小規模多機能型居宅介護」という、看護師が常駐し手厚いサービスを同じ敷地内で受けられる形態のサ高住に入居したものの、サービスの方で契約を事業所側から解除されてしまい、引き続き住むことはできるとしても生活ができなくなり困った……という相談事例もありました。最もケアを必要とするときに「うちでは対応しきれません」と追い出されてしまうケースもあるのです。

一方で、最近では、そうしたリスクをカバーするサ高住もあるようです。

〈ケース7〉

Nさんは80歳になったとき、長年住み慣れた家を売って妻とともにサ高住に入居しました。そこは医療法人が運営し、その法人が経営する総合病院と４階の通路で直結しており、最期の看取りまで引き受けてくれるという契約内容でした。

元気なときは子や孫たちとも自由に行き来し、普通のマンションに引っ越したのと同じような感じだったと言います。Ｎさんが83歳で一度倒れたとき、その病院に入院しましたが、すぐ隣のサ高住で暮らしていた妻は病院に通うのにもとても楽だったし、Ｎさんが退院してから通院するときも通路を通って隣の建物に行くだけなので安心だったそうです。

全財産を投げ売ってここに入ったときは夫婦とも不安があったけど、今はその判断をして良かったということです。

第5章のまとめ

・何ができなくなったら施設入居するか、条件を一緒に考えましょう。
・看取りについても恐れず施設と話し合い、形に残しておきましょう。
・「最期まで自由に自分らしく生きたい」という願いは、形にして周囲に伝えておきましょう。
・高ければいい施設とは限りません。
・施設を探すときは優先順位をはっきりさせ、絶対に譲れない条件をチェックしましょう。
・特養だから「安かろう悪かろう」とは限りません。
・入居一時金は、90日以内に退居すれば全額返ってきます。
・医療的対応はどこまで可能？　医療法人が経営する施設なら安心？チェックポイントを押さえて体験入居しましょう。
・悪質な身元保証サービスに注意しましょう。
・サ高住に付属するサービスでは十分な介護は受けられないので注意が必要です。

第6章

清水の舞台から飛び降りる思いで入居したものの

施設入居編

「聞いていた話とぜんぜん違う！」そんなときは？

前章のNさんのようにうまくいった例もあれば、残念ながら「こんなはずでは」という思いをする人もたくさんいます。しかも、「終の棲家」と思って、大金を払って、なかにはNさんのように住み慣れた家を売り、「あとに引き返せない」状態で施設に入った人もいるでしょう。

利用者本人が「こんなはずでは！」と思うことのいくつかは、たとえば次のようなものです。

・食事が口に合わない
・レクリエーションがお粗末
・上の階の物音がうるさくて眠れない
・同じフロアの入居者と気が合わない

・職員の態度が悪い
・介助方法が雑、未熟

このうち、食事やレクリエーションの質などは、体験入居をすることで見抜くことができるでしょう。

問題は他の入居者とのトラブルです。騒音や人間関係については、職員に注意をしてもらう等の対応が一応は考えられますが、そう頻繁に部屋を変えてもらうこともできないため悩ましいところです。

たとえばもしご自身が認知症でないのであれば、認知症の方専用のフロアからできるだけ離れた部屋にしてもらう、体験入居のときに、自分が入るであろう部屋の周辺の環境やご近所の関係性を注意深く観察するといったことが回避策として考えられます。

ですが、当然ながら入居者の顔ぶれはどんどん入れ替わっていくため、いつどのような人が入ってくるか分かりません。女性のご入居者で、「男性入居者に言い寄られた」「あとをつけられて怖かった」といった相談がよくありますが、ストーキングのような怖い目にあったときは具体的にどう対処してもらえるのか、事前に施設側に尋ねるのもひとつの方法です。

基本は大人数での共同生活になるため、如何ともし難いことも多いのが現実ですが……。

態度の悪い職員の典型例として、「コールに快く応じてくれない」というケースがあります。「トイレのときは気兼ねなく呼んでください」と施設長に言われたから押したのに、夜間の職員から「しょっちゅう呼ばないでください」とぶっきらぼうに言われたりしたら、ショックですよね。

程度問題ではありますが、コールは何度でも、緊急でなくても押すことができるという安心感があって成り立つシステムです。粘り強くいつでも穏やかに対応してくれる職員が揃っているか、教育がなされているかを確認するとよいでしょう。

有料老人ホームであれば、前述したとおりクーリングオフの制度があるので、入居後3ヵ月を目処として継続するか否かを判断しましょう。もっとも、お金もなく他に行くあてもないという方にとっては深刻な問題です。

実際に困った職員がいる場合は、施設長や管理職にあたる人に変更や改善を求めましょう。言葉遣いがひどい場合は**心理的虐待***に当たる可能性もあるため、事態は深刻です。利用者ご自身が気づき動ける場合は、家族に依頼して監視カメラを室内に設置するといった自衛策が考えられます。しかしご本人が認知症であれば声をあげることができず、誰にも気づかれず虐待され続ける……という悲惨な状態になってしまうこともあるのです。

心理的虐待
社会的弱者が狙われやすく対象者の自尊心を著しく傷つける暴言や肉体への暴力、脅迫など心理的な傷を負わせること。精神的虐待ともいう。

〈ケース１〉

Ｏさんのお父さんは常時点滴が必要な状態で退院しましたが、病院に紹介された老人ホームの営業担当が「うちは看護師が常駐しているので医療的ケアも万全です。点滴のご利用者も大勢入居されますので、お任せください」と言い切ったので入居を決めました。

ところが蓋を開けてみると、看護師は皆高齢で退職間近、基本的な点滴の処置ができる職員も少なく、とうとう誰も見ていない状態でチューブが外れるという事故を起こしてしまいました。「こんな施設に大切な親を入れるんじゃなかった……」と後悔するOさん。

何故このようなことが起こるかというと、営業マンが誇大広告をしがちという構造があります。

会社が大きければ大きいほど、営業の役割は重要になり、上からは「一人でも多くの入居者を引っ張ってこい」とハッパをかけられます。

営業担当は現場を見ないまま、セールストークで顧客を獲得することに専念し、見かけの数字だけを追うようになります。入居後のトラブルなど知ったことではないのです。

その結果、現場では対応しきれない方が入居され、事故が起きる……という悪循環に陥りがちです。

賢い消費者になるためには、営業マンの言葉は話半分で聞くくらいがちょうどよいかもしれません。必ず事前に自分の眼で現場を確認しましょう。

面会するたびにアザができている、これって虐待？

〈ケース２〉

Ｐさんは、認知症のお母さんを、運よく特別養護老人ホーム（特養）に入れることができました。けれども安心したのも束の間、入居後１週間して施設を訪問するとお母さんの腿にアザを発見したのです。

嫌な予感がしたものの、最初は「年だから、どこかにぶつけてしまうこともあるのだろう」と考えないようにしました。しかし、その３週間後に見舞いに行ったとき、前回とは違う場所に新たなアザがあったそうです。「これは職員か誰かにやられたのではないか？」と疑いましたが、Ｐさんに対しては愛想のいい担当者がそんなことをするとは信じられず、施設側と揉め事を起こしたくないという気持ちもありました。

施設長に訴えても、味方になってもらえないかもしれない。場合によっては、施設ぐるみで虐待を隠蔽するかもしれない……。特養などに預けず、自分が自宅で見ていれば、という自責の念にPさんは苦しんでいました。

陰惨な虐待が組織ぐるみで隠蔽されてきたことが判明するなど、ショッキングな事件ほど連日マスコミで報道されるので、知らず知らず「ブラック施設」のイメージが形成されすべての組織が虐待を隠すものだと思ってしまいがちです。しかし実際にはすべてがそうではありません。

私はPさんに、まず証拠を押さえることの大切さを説明しました。具体的には、アザの写真を何枚も（近景と遠景）撮ることです。いつ、どの部位にどの程度の痣があったかは写真に収めなければいざというとき誰にも信じてもらえません。

次にすべきことは、お母さんにストレートに話を聞くことです。認知症でうまく話せなくとも、過度に怯えていないか、心が不安定ではないかなど様子を観察し、わずかな異変でも察知できるようにします。

気になることは勇気を持って担当のワーカーやケアマネージャー、可能であれば施設長に伝えることもアドバイスしました。施設の方でとっている日々の介護日誌等の記録も、いつでも見せてもらえるものであるため、自分の見ていないところでどのようなケアがなされているかをチェックするのも良いでしょう。

その上で、施設の対応が不誠実だったり、同じようなことが何度も続いたりするようなら、次のことを考えましょうと言うと、Pさんは落ち着きを取り戻しました。

それは、虐待の現場を押さえることです。けれども、訪問介護のケースと違って難しいのは、現場が施設であるということです。

介護施設の部屋は、サ高住と違って施設側に管理権があります。監視カメラを設置するといった方法は、正面から「カメラを設置します」と宣言しても相手は難色を示すでしょう。

そのため、隠しカメラとして設置することが多いのですが、もちろんばれてしまうと信頼関係を損なうことになりかねません。また、虐待が居室内でなされるとは限らず、絶対の方法ではありません。それでも、不安で仕方がないということであれば、最後の手段として設置すること自体は違法ではないため、一案として覚えておくとよいでしょう。

事件が起きても知らんふり、そんなのあり得る？

マスコミに報道された事件として記憶にある方もいらっしゃるかもしれませんが、ある施設の介護スタッフが、担当入居者に暴力を振るい殺害してしまうというショッキングな事件がありました。

事件自体は突発的に起きたことですが、じつはこれは方法次第で予防できたのではないか、と私は思います。

その入居者がスタッフに対し「頭が悪い」「バカだ」などと悪態をついていたことが業務日誌につづられており、事件の前の段階で両者の関係が悪くなっていたことが記されていたというのです。

この段階で、担当スタッフの上司や施設の管理者にあたる人が日誌をきちんと読んで、担当者の話を聞き、**ストレスマネジメント***ができないようであれば配置換えをするとか、何かしらの手を打っていれば事件は防げたのではないかと、悔

ストレスマネジメント 心身ともに健康な状態を維持するためにストレスを適切にコントロールし、管理すること。

やまれてなりません。

事件の後の会見で、理事長が「日誌は読んだ」「解決のために動いた」と言っているようですが、それが本当だとしたら施設全体の管理が機能していなかったことになります。

施設には介護保険上、厳格な**人員配置基準**＊があり、どこでもギリギリの職員数でやりくりしているので、一人でも欠けたら全体が回らなくなるという綱渡りのような運営が常態化しています。

そうなると、管理側はスタッフに対して「やめてもらっては困る」という心理が働き、その結果として問題のある行動に対しても強い指導や注意ができないということがあるものと思います。

しかし、その結果大切なご利用者を守れないのであれば本末転倒です。本来の目的は施設の安泰ではなく、ご利用者の安心安全を維持することであるはずだからです。

人員配置基準
介護施設の入居者に対して配置すべき職員の人数を定めたもので、多くの施設の介護職員（または看護師）の人員配置は入居者３人に対して、最低ひとりの常勤の介護職員（または看護師）を３対１の比率で配置すること。

現場には「悲観的に物事を見る人間」が必要です。「虐待などあるわけがない」とか「このくらい大したことではないだろう」という目で楽観的に物ごとを見るのではなく、「虐待が起きているかもしれない」「最悪のケースを想定する」ということをしなければ、利用者の安全は守れません。事件が起きてからでは遅いのです。

一見問題がないようでも、「水面化ではどうなのか？」ということまで現場をしっかり見ることが本来の**リスクマネジメント***です。

しかし、それは余裕がある状態でないとできないことも事実で、ギリギリの状態が続いていると、人は誰でも「現状を維持すること」にしか意識が向かなくなります。

今のように福祉の現場がギリギリの状態で運営される現状が変わらないと、こうした事件の予防や、その一歩手前の状態が改善されることはないでしょう。

事態改善のためには、経営層である理事長や社長が、まずは意識を現場に向けることです。表面的な数字にしか興味がない経営者は、いつか現場で起きる事故トラブルに足元をすくわれます。ストレスを抱えている職員はいないか？　ご利

リスクマネジメント
介護におけるリスクマネジメントは、介護事故のリスクを把握し、組織的に管理することで、事故を未然に防ぐことを目的とした活動のこと。

用者と関係がうまくいっていない職員は？　と常に現場を気にかけることが、介護経営に携わる最低限の条件といえるのではないでしょうか。

施設での虐待、利用者の家族が施設を訴えたら勝てる？

殺人までいかなくても、虐待によって利用者に怪我をさせたり、不注意による事故で亡くしてしまったという事件が起きたらどうなるのでしょうか？

加害者には当然法的責任が課されますが、大別して民事、刑事、そして行政罰の三種類があります。

・民事

被害者である利用者やその家族は、施設や事業所の運営法人に対して治療費や慰謝料等の損害賠償を求めることができます。相手方と折り合いがつかなければ、民事裁判に訴えることも可能です。

ただし、裁判に勝つことはできても、「心理的虐待（言葉の暴力）による慰謝料」はそれほど大きな金額にはなりません。過去に「お前、死ね、殺すぞ。」などの暴言を吐いたとして60万円の慰謝料が認められた事例（平成27年7月2日大阪地裁判決）がありますが、高い弁護士費用を払い時間をかける見返りとしては低すぎると思われる方が多いかと思います。

これが骨折や火傷、あるいは打撲痕など、身体的な損害に伴う慰謝料であれば、状況は違ってきます。いずれにせよ、裁判所に訴える場合には、証拠が必要になります。

・刑事

加害者である職員は、傷害罪や業務上過失致傷罪等の容疑者として逮捕され、場合によってはその後起訴され刑事罰を受けることになります。

・行政罰

加害者の所属する施設を運営する法人もまた、「監督不行き届き」として虐待を起こした責任があるということで、監督官庁によって介護保険法や社会福祉法に基づき、改善命令が下されます。またその事実は公表されるため、法人としては必死で信頼の回復に努めなければなりません。

〈ケース３〉

Ｑさんは介護施設に入居した認知症のお父さんを久々に訪問したところ、右目の周りに大きな痣の輪ができていて驚きました。目は真っ赤で、まるで拳で殴られたようでした。ところが施設長に聞いてみても「現在調査中です」とかわされるなど、明確な答えが得られませんでした。

Ｑさんは釈然としないまま、しばらく様子をうかがっていましたが、ある時突然施設に呼び出されました。そこで耳にした施設長の言葉が、「申し訳ないがお父様には退去していただきたい」というものだったのです。

なぜ被害者であるはずの父が追い出されるのか？　Ｑさんは施設長の発した言葉が全く理解できませんでした。理由を聞くと、お父さんが介助するスタッフを突き飛ばしたり、殴りかかったりするから、ということでした。

Qさんが見た目の周りの痣も、「ある職員が夜間、お父さんのおむつを交換しようとしたときに、お父さんが職員の背中を叩きその反動で自分の拳が目に入ったものだろう」と言うのです。

職員は背中を向けていたからその瞬間は見ていないという説明は、Qさんにはとても不自然に感じられました。

その場では当然承諾できずそのまま帰りましたが、なんと後日、その施設は弁護士を立て内容証明をQさんに送りつけたのです。そこには「契約を解除したので、30日以内に退去せよ」という一方的なものでした。

困り果てたQさんは、私に相談され、あまりに悪質な施設ということで慰謝料を求め施設を提訴したいと訴えかけました。しかし残念なことに、3章のDさんのようにカメラを設置して動かぬ証拠を押さえていなかったので、裁判で勝つことは難しいと思われました。このように、真実を捻じ曲げ隠蔽するような悪質な施設ほど、じつは法的に争い勝つことが難しい、という残酷な事実があります。だからこそ私は、いざとなれば録音やカメラでの録画等をおすすめしています。

おむつ代を水増し請求された！　どうしたらいい？

こんな相談もありました。

〈ケース４〉

Ｒさんは、お母さんが入居している施設からの請求書を詳しく見たところ、おむつ代が水増し請求されていることに気がつきました。それ以外にも、外出レクリエーションに関しても納得いかない料金が書かれていました。食べ放題のツアーに行ったとき、明らかに二人分の費用が計上されていたのです。後に施設に確認したところ、「付き添いのスタッフの分も頂いています」とのことでした。しかし、そのような説明は事前に一度もありませんでした。

さらに「レクリエーション」については、「参加したものに関しては払う」

とされていたのに、本人が「出ない」と言っていたものまで請求されていたので、施設に問い合わせてみると「後から本人が『出たい』と言ったので、参加扱いにした」という答えでした。

もう一度、お母さんに確かめたくても、コロナ禍で直接会って確認することもできず、電話で聞いても「覚えていない」と言うだけで確かめようがありません。

おむつ代に関しては、利用費全体のなかに含まれている場合もあれば、別の項目で請求されているケースもあり、さまざまです。

別のケースでは、施設の倉庫の管理が杜撰《ずさん》で、ある入居者のおむつを別の入居者に流用したり、数字を誤魔化したりということもありました。

どのような名目でどういう料金が発生しているかは、請求書を精査しないとわからないこともあるでしょう。施設との信頼関係があると思っているので、詳しくは見ないという方も多いかもしれませんが、定期的に調べてみることをおすすめします。

コロナで面会が難しくなっている昨今、こうしたトラブルが以前より増えています。

いったん崩れてしまった信頼関係を作り直すことは難しいですが、お金のことはクリアにしなければなりません。Ｒさんには、「まず施設との話し合いが必要」と伝えました。

話し合いのときは、施設に対する不信感にはいったん蓋をして、「せっかくお母さん自身が気に入り、生活も慣れている施設との関係が大切だからこそ話し合いたい」というこちらの思いを冷静に相手に伝えることが大事です。

人のすることに過ちは付き物ですから、「申し訳ありませんでした。以後二度と起きないようにします」と誓約してくれれば、もう一度チャンスをあげるということも良いかと思います。

それでも性懲りもなく同じことが起こったり、相手の説明や対応に不信感が拭えない場合は、監督機関である市区町村や都道府県に苦情申し立てをすることが次の手段として考えられます。中立先は、契約書の前段階として交付される重要事項説明書という書面の最後にまとめて記されていますので、そちらを確認してください。

ここでも最終的にものを言うのは証拠ですので、おむつであればいつ、何枚のおむつが、どのように不正に請求されたのかといった基本的事実関係をしっかり説明できるよう裏をとることが重要です。職員に確認するやり取りを秘密録音する等方法はさまざまですが、ただ漠然と「施設が不正をしている」といった申し立てをしても行政はまず動いてくれない、ということは覚えておきましょう。

コロナで入居している親と会えない……いつまで続くの？

新型コロナウイルスの蔓延のため、自由に面会や外出ができなくなったことによるトラブルが増加しています。

２０２３年5月8日以降は5類に分類されるとのことですが、現在も感染者数は少なくありません。

２０２０年から始まったコロナ禍。この3年間は「第△波」が去り、やれやれと思った矢先にまた近所でクラスター（集団感染）が発生。せっかく許された15分の面会も再び禁止に……といった一進一退の状態が繰り返されてきたのではないでしょうか。

「いつまでこの不自由な状態を我慢すればよいのか？」ということでは、ひとついえることは、介護施設で共同生活を営む入居者は当然のことながらみな高齢者であり、基礎疾患がありコロナに感染することが文字通り命取りになるということです。そしてご存知のとおり、コロナの感染力は底知れないものがあります。

そのため施設側としては、クラスター感染という最悪の事態を避けるためには慎重にならざるを得ないところがあります。

一方で、入居者やそのご家族にも、もちろん面会する「権利」があります。利用者や家族の「面会権」と、施設の「管理権」がせめぎ合っているという状態ですが、最終的にはこの衝突する権利を調整するほかありません。

国（厚生労働省）はその判断基準を明確に示してはいませんが、「できる限り面会を実現する方針で検討するように」とのお達し（令和3年 11月24日「社会福祉施設等における面会等の実施にあたっての留意点について」）を出していますので、これを根拠として施設と交渉することが考えられます。

各施設で工夫している感染リスクを下げつつ面会を実現する方法として、次のような事例があります。

・ロビーなどの決められたスペースに、スタッフが入居者をお連れして、マスク着用やアクリル板を設置し、会話は控えめにすることを条件に面会する
・入居者と家族がガラス越しで電話などを使い会話する

これから施設入居を検討し、見学を考えている人は、家族との面会に関する施設側の方針も確認し、どこまで柔軟に対応してくれるのかを聞いておきましょう。自由度の高いはずであるサ高住であっても面会や外出については否定的だったり、逆に特養でも規制が緩いなど、考え方は法人によりさまざまです。

厚生労働省は高齢者施設を対象とした「新しい生活様式を踏まえた面会のポイント」を同省ホームページで公表しています。ぜひ参考にご覧ください。

地域の感染状況に合わせて対応しよう
新しい生活様式を踏まえた面会のポイント

面会に来る方へお願いすることや面会中の留意点をおさらいしておきましょう。

面会者へのお願い

- 面会当日は検温をお願いしましょう。
- 面会者が濃厚接触者である場合や、面会者や同居家族に発熱や咳、のどの痛みなどがあり、感染が疑われる場合は面会を断りましょう。
- 面会者が施設へ入る際には、手洗い・手指消毒を行ってもらい、マスク着用をお願いしましょう。
- 施設で感染者が発生した場合に備え、来訪者の氏名、日時、連絡先を記録しておきましょう。

体調不良の場合は
面会を断る
氏名や連絡先を記入
手洗い、手指消毒、マスクの着用

面会中に留意すべき点

- 面会時には十分な換気を行いましょう。
- 面会はできるだけ少人数で行います。
- 面会場所では大声での会話は控えてもらいましょう。
- 飲食はできるだけ控えましょう。

十分な換気
大声での会話や
飲食は控える
できるだけ少人数で

面会後の対応

- 面会者が、面会後一定期間以内に発症もしくは感染がわかった場合は、施設への連絡をお願いしましょう。

ひと、くらし、みらいのために
厚生労働省
Ministry of Health, Labour and Welfare

https://www.mhlw.go.jp/stf/seisakunitsuite/bunya/hukushi_kaigo/kaigo_koureisha/index_00014.html

出典：厚生労働省

1 withコロナ下での高齢者施設における面会について

コロナ禍になり、面会が思うようにできない状況が続きましたが、
ウィズコロナ下の現在では、面会方法はどのように変化したのでしょうか。
施設の実例を紹介します。

Before

全ての面会が一時中止

全ての対面面会を中止

窓越し面会

タブレット端末などを用いたオンライン面会

面会を制限せざるを得ない状況では、施設側と家族とのコミュニケーションも難しくなっていました。また、タブレット端末を用いたオンライン面会では、職員の負担も増えました。

After

対面面会を再開

感染状況を見つつ、基本的には対面面会を実施

希望する家族にはオンライン面会も継続

地域の感染状況に留意しつつ、感染対策を行った上で、対面面会が再開されています。オンラインでの面会も引き続き実施しています。

対面面会を再開した施設での取り組みや工夫　2

ウィズコロナ下で対面面会を再開した施設での感染対策や面会の実施方法を紹介します。厚生労働省新型コロナウイルス感染症クラスター対策班の一員として活躍している、東北大学大学院の小坂健先生による留意点も参考にしてください。

ポイント①

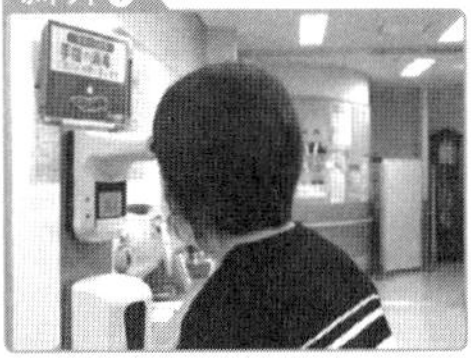

熱がなくても風邪症状に注意

面会者には、面会時間を通じてのマスク着用、面会前後の手指の消毒、面会前の検温をしてもらいます。また、面会者が濃厚接触者ではないかや当日の体調について、確認しています。

ポイント②

面会時は必ず換気をする

面会場所は、すぐ近くに窓があるところを選びましょう。季節を問わず、対面面会時は窓を開けて、しっかりと換気をしています。

ポイント③

家族と施設のコミュニケーション

施設への来訪が減ったことにより、家族からの連絡が少なくなる傾向も見られます。家族と施設との距離が遠くならないように、こまめに連絡を取るようにしています。

ポイント④

面会対応時の職員の配置

現在は面会対応時の職員の負担が増えています。面会の対応にあたるのは、介護職員だけではなく、他職種の職員も協力して、負担が集中しないよう調整しています。

ポイント⑤

職員の目の届く場所を面会スペースに

以前は、プライバシー保護に考慮して個室での面会を実施していましたが、職員の目が届くような場所での面会に切り替えました。

出典：厚生労働省
取材／介護老人保険施設 せんだんの丘（宮城県）、高齢者複合施設 サクラーレ福住（新潟県）

嚥下力が落ちてきたら、もう普通の食事は無理？

〈ケース5〉

Sさんのお母さんは90歳になる少し前に脳卒中を起こし、一命は取り留めたもののこのまま寝たきりになるかも知れないと思われました。しかし、本人の強い意志と、老健で機能回復訓練を根気強く続けた結果、数ヵ月で奇跡的に回復しました。

ところが1年後、Sさんは老健から驚くべき知らせを受けます。

それは、お母さんに胃ろう手術をすすめるというものでした。胃ろうとは、嚥下力、つまり食べ物を飲み込む力が弱ったとき、腹部に小さな穴を開けてチューブを通し、直接胃に栄養を注入する医療措置のことです。聞けば、これまで施設として時間をかけて食事介助をしてきたが、口からの摂取にはあまりに時間がかかり、飲み込むときに誤嚥するリスクもあるの

＝で、胃ろうに切り替えたいとのことでした。

「つい最近の面会のときも、差し入れにお弁当を持って行って一緒に食事ができていました。たしかに食材を細かくしたり、食べるのに時間がかかっていました。けれど手間暇さえかければ母は今もちゃんと食事ができるし、施設にも何度も頭を下げてお願いしてきました。それなのに施設の都合で胃ろうにするなんて、ひどいと思いませんか」と、Ｓさんは憤っていました。

そのお気持ちはよくわかりますが、嚥下力が弱まり「嚥下障害」が起こると、一般的に、次のようなリスクがあると言われています。

・食事の量が減ることで、栄養失調になる
・食べ物が喉に詰まって窒息する
・飲食物が食道ではなく気道の方に行くとむせ、それが重なると誤嚥性肺炎の原因になるこのようなリスクを、最終的に「誰が」負うかという究極の問題について考える必要があります。それだけではないかもしれませんが、このようなケースで施設側が一番気にしているのが「訴訟リスク」です。万一事故を起こしてご入居者を死亡させでもしたら、家族から訴えられるのではないかということを恐れているのです。

ということは、もしお母さんや家族の方で「万一のことがあっても施設の責任は追及しませんから」と明言し、その旨一筆書くなどすれば、施設側も了解してくれるかもしれません。

お母さんと意思疎通できるなら、「リスクがあっても口からものを食べたいか」と問い掛け、率直な気持ちを聞いてみるのが良いと思います。

このように、さまざまなリスクのある入居者を一手に引き受ける施設にとっては、「自然な形で食べさせてあげたいけれど、責任を追及されるのが怖い」という悩みがあります。

家族として、「高齢なのに手術なんてかわいそう」「最後まで食事を楽しませてあげたい」という思いを持つことは自然なことですが、要求ばかりでリスクは引き受けないとなると、それは結局入居者にとって不利益な結果となりかねません。〝利用者や家族に寄り添った〟運営を心がけている施設ほど、無理をしてリスクを引き受け、その結果不幸な事故が起こってしまうということもあるのです。

そのようなマイナスのスパイラルを避けるためにも、お互いもう一歩踏み込んで話し合ってみる必要があるのではないでしょうか。

もしかしたら胃ろうをすることで、一番楽になるのはお母さん自身かも知れないという考え方もあります。胃ろうをしても食べ物を経口摂取すること自体は可能だからです。

Ｓさんには、施設長であるお医者さんともう一度よく話し合い、場合によっては別の医師にセカンドオピニオンを求めるなどして、胃ろうについての情報を集めてみることや、万一事故が起きたとき施設に責任を取ってほしいと思うか、一度考えてみることをおすすめしました。

〈ケース６〉

Ｔさんは施設に入っていたお母さんの容態が悪化したとの連絡を受け、

「せめて最期を家で迎えさせてあげよう」と考え、思い切って自宅へ連れ帰ってきたそうです。すると何と、余命幾許《いくばく》もないと言われていたお母さんは家族や孫たちに囲まれた生活のなかでめきめき回復し、ベッドから体を起こし、自分で好きなものを食べることができるようになったそうです。

お母さんは、その数ヵ月後に亡くなりました。施設から病院に移っていたら、もしかするともっと長生きできたかも知れません。しかしTさんは自分の選択に後悔はないと言います。

「最後に住み慣れた自宅で元気な母の姿を見られたことは、私や家族にとってかけがえのない思い出になりました。病院に送られていたら、コロナ禍で面会もままならないなか、体中をチューブでつながれて死んでいったかもしれません。そう考えると、私からの一番の親孝行ができたのかもしれないと思うのです」と言うSさんの笑顔には清々しいものがありました。

第６章のまとめ

・営業マンの話は半分だけ聞くようにしましょう。
・虐待疑惑があるときは、できるだけ証拠を揃えておきましょう。
・「事故が起きる」ことを前提に考え、対処する施設を選びましょう。
・虐待事件を裁判で追及するにも、証拠が必要です。
・毎月の請求に疑義があれば、施設とよく話し合いましょう。
・面会制限に関する方針を施設によく確認しましょう。
・食事に伴う誤嚥等のリスクを引き受けるか否かを考え、話し合いましょう。

第7章

三途の川に辿りつく頃にはすっからかん？

長生きリスク編

１００歳のお祝いありがとう。でもお金がないんです……

古来、医療も発達しておらず多くの人が貧しかった時代、「長生き」は幸福の象徴でした。日本では戦後、時代とともに社会が豊かになり、公的保険が充実し誰もが医療にアクセスできるようになると、長く生きられることは当たり前となりました。

そして今や、「長生きリスク」という言葉が登場しています。

長生きする分、生活費や維持費がかかり、先細る年金や蓄えでは賄いきれないのではないかという不安が世の中に広まりつつあるようです。いくら長生きをしても、それがすべての人にとって必ずしも「幸せ」とならない可能性が出てきます。

〈ケース１〉

Uさんは、自宅を売却したお金で入居一時金を払い、年金はそのまま利用料にあてることとして高級有料老人ホームに入りました。

Uさんには持病が複数あり、もってあと数年と主治医からも言われていました。そのため「お金を残したまま死ぬのも馬鹿らしい」と考えたUさんは、背伸びして高級なホームに入居したのです。

Uさんが入居してから5年が経ちましたが、幸か不幸か健康そのものです。入居期間が伸びるにつれ、Uさんの通帳残高も目減りしていきます。そんな折、その法人が事業譲渡してしまい、施設の料金が値上げされました。

最初はUさんの子どもたちが差額を負担していましたが、彼らもすでに引退間近、自分たちの生活だけでなく老後について考えなければいけない年代です。


もし、このままでは施設利用料が払えないという状態になったとき、Uさんにはどのような選択肢があるでしょうか。

いずれにせよ退去せざるを得なくなりますが、ひとつはより費用の安い施設に移ることです。家族で話し合い、また今の年金額と将来的な見通しも立て、入る施設を決めます。サービス内容が低下してもそこは目を瞑《つぶ》らなければなりません。サ高住などで安価なところがあれば検討したいところです。

施設が見つからない場合、次に考えられるのは、どこかにアパートを借りて一人で住むという選択です。しかしこれは本人の身体と頭がしっかりしていないとできない選択です。また、たとえしっかりしていたとしても、物件は限られてしまうでしょう。

Uさんや家族としては非常に苦しい立場に立たされてしまいますが、視点を変えて、施設の側としてはどうでしょうか。慈善事業ではありませんから、利用料を払えない人の入居をいつまでも許しておくわけにはいきません。かといって「金の切れ目が縁の切れ目」とばかりに、高齢者を放り出すわけにもいかず、ここが難しいところです。

もしUさんが認知症で、かつ身寄りがないような場合、選択肢はひとつしかありません。それは行政による措置を求めるということです。

地元の市区町村が、一人では生活困難な、あるいは家族から虐待を受けるなど生命の危機にさらされているような高齢者を、行政の裁量で特別養護老人ホームなどの施設に入居させることができるのです。これを措置処分といいます。

問題は、すでにホームに入居している人が措置の対象になるか、という点です。救済すべき人はたくさんいますから、Uさんのような人は後回しにされるかもしれません。そうなると困るのは施設です。容態が悪化し入院させるといった事態にでもならない限り、ずっと施設に置いておかなければなりません。

ご本人や家族が責任をもって退去に向け動いてくれるうちはいいのですが、開き直られるとあたかも無銭宿泊をずっと許容するような形になってしまいます。

言葉は悪いですが、介護施設が「現代の姥捨山」になっていくのです。

まだ社会問題として表面化していませんが、こういったケースは、全国各地ですでに多数起きています。

このような事態を回避するには、シビアな話ですが「長生きリスク」を一度は考えてみることです。「想像しているよりも長生きしてしまったとき、お金のことはどうしよう」と考え、できれば家族と話し合いましょう。


これからはますます「長生きにはリスクもある」ということを頭に置いて、ライフプランを作らなければならない時代となるでしょう。

家族はどこまで自分を犠牲にして親の生活を支える義務があるの？

ここまで読まれた方はこう思うかも知れません。

「Uさんの子どもたちが面倒をみればいいじゃないか。施設に払うお金の余裕がないなら、自分の家に引き取ればいい。」

たしかに、家族には民法上「扶養義務」があります。民法877条には次のように定められています。

第877条

直系血族及び兄弟姉妹は、互いに扶養をする義務がある。

問題は、具体的にどの程度まで扶養しなければならないか、ですが、自分の親に対しては「生計の立たない者を生計が立つように最低限の生活を保障すればよい」とされています。

一方で自分の未成年の子や配偶者に対しては、自分と同じ程度の生活を保障する義務があります。そのため、優先順位としては自分の家族を優先し、親の生活を助けるのは余裕があるときでよいということになります。

こう書くと何とも「親不孝」という感じがしますが……。しかし現実問題として、子どものうち誰かが自宅に引き取るようなことになれば、その家庭に大きなしわ寄せがいってしまい、後々までトラブルになるかもしれません。最悪、ストレスに耐えかねて虐待してしまうということも考えられます。

熱くなって理想を追い求めることは素晴らしいかもしれませんが、法律や制度に照らし、先々を見通す冷静な頭を持つことも大切です。

一切合切財産を預けた甥が失踪！

〈ケース2〉

人や物の名前が出てこなかったり、しまったはずのものがその場所になかったりということが増えたVさんは、認知症になったときを考えて、昔から可愛がっていた甥（姉の息子）に依頼し、全財産を預け管理してもらうことにしました。甥は笑顔で引き受けてくれました。

毎月の生活費として20万円を振り込んでもらい、足りない時は追加し、年に何度か収支を合わせるという形にして最初はうまくいっていました。ところが1、2年経ったある日、甥が突然音信不通になってしまいました。

Vさんの姉夫婦はすでに他界しており、他の親族も誰も行方を知りません。よくよく聞いてみると、甥にお金を貸している人もいるようです。Vさんの全財産は、甥とともに消えてしまいました。

まるでドラマやワイドショーに出てくるような話ですが、こうした事件はじつは数多く起きています。もし起きてしまったら、甥を探し続ける他ありませんが、それは雲をつかむような話です。弁護士の職権で住民票を調べることができますが、住民票はあくまで登録地に過ぎずそこに住んでいる保証はありません。

警察に「全財産を盗まれた」などと訴えても、よほどしっかりした証拠や甥の居場所のあてがない限り積極的に動いてくれないでしょう。

Vさんのように家族のいない人が、財産などの管理を誰かに任せたいと思ったとき、一体どうすればいいのでしょうか。

おひとり様を対象にした「身元保証会社」なら安心かというと、第5章で解説したように必ずしもそうとは言い切れません。

では、親族なら安心かというと必ずしもそうとはいえません。

こうしたトラブルを防ぐには、たとえ身内であろうと一人の人を信頼しきってすべてを預けないことです。最低限、任意後見契約という制度を使うなど、第三者が関与する形にすべきです。

これは、将来自分の後見人となる人と公証役場で正式に契約をとりかわし、いざ自分が認知症になったときにその後見人が家庭裁判所（家裁）に申し立て、家裁の監督のもと財産を管理するという仕組みです。

しかし、もっと言うとこの任意後見も完璧ではないのです。甥が後見人になるとして、当の甥自身が「おばさんが認知症になった」と家裁に届け出なければ、いつまでも後見人制度が始まらないという落とし穴があります。

ですから、このようなときは弁護士や司法書士など資格をもつ法律の専門家に頼ることをおすすめします。最低限、財産を持ち逃げするということは起きないでしょう。

超高齢社会「認知症者が主役」の制度に改めよ

2017年の事件ですが、車いすに年老いた妻を乗せたご主人が、店舗内のエスカレーターから転落し、階下で巻き込まれた歩行者が死亡するという事故がありました。新聞記事などでは、「エスカレーターには車いすで乗らないよう、呼びかけを強化すべき」という論調がみられました。

２０１９年に起こった池袋での高齢ドライバーによる暴走事故は記憶に新しく、これを機に一定年齢以上の免許返納の世論が一気に高まりました。しかしそれも束の間、返納のペースは下降しており、相変わらず暴走事故は繰り返されています。

こうした報道を見るにつけ私が思うのは、まず発想を根本的に変える必要があるということです。

それは、「事故を起こさないように気をつけて」と呼びかけるのではなく、「事故は起きてしまうという前提で予防策を講じる」ということです。

言い換えれば、「判断力の衰えた高齢者に注意を呼びかけても無意味なのだから、判断力のない状態で起こしてしまう事故トラブルをできるだけ予防できる仕組みを作ろう」となります。

今までの社会は、正常な判断ができる「健常者」が主体であることが前提でした。しかしこれからの社会は「認知症者や要介護者が主役」という真逆の発想から制度を作り変える必要があると思うのです。

もちろん、道路のガードレールや階段の手すりなど、高齢者や障がい者に配慮した工夫は少しずつ導入されてきました。しかし冒頭のような大事故に関しては、より直接的な対処が必要です。

エスカレーターの事故でいえば、写真のようなカートの進入を防止するポールを入口に設置することで侵入を防げるでしょう。

高齢ドライバーによる自動車事故に関しては、第4章のコラムで述べたように「スピードが出ない車」の開発や乗車の義務付けを促進すべきです。

法律のあり方そのものも、この超高齢社会では通用しなくなっていると考えることが必要です。

平成28年3月に最高裁判決が下された、ＪＲ認知症者鉄道事故事件というケースがあります。これは、自宅から外出し駅のホームから線路上に出てしまった高齢男性が電車にはねられ、その運営会社であるＪＲが同居の奥さんや別居中の子どもたちを監督義務違反として訴えたという前代未聞の出来事でした。

結論として遺族の責任は否定されましたが、なぜこのようなことが起きてしまうかというと、そもそも法律（民法）というものが「犯人探し」をするという性格があることによります。

法律の世界ではまず事故を起こした本人が賠償責任を負いますが、本人が認知症等で責任能力なしと判断されれば責任を負いません。その代わりに近親者などの「監督義務者」が監督責任を問われることになります。

ＪＲの事件では、具体的に誰が高齢男性の監督義務者に当たるかが主な争点となりました。しかし、その観点では、結局本人と同居するなどして深く関われば関わるほど、監督義務者と認められやすいことになります。そうなると、優しくて責任感の強い人ほど認知症の身内を抱え込んでしまい、何か他人様に迷惑をかけたら責任を負わされる……ということになってしまうのです。

以前、似たようなケースで相談者から「結局、介護はやり損ですか」と問われたことがありました。返答に詰まりましたが、考えてみればその通りなのかもしれません。しかしそれはあくまで、法律のルールに基づいて損得勘定した場合の話です。そのような優しくて責任感のある親族が最後にばかをみるような制度自体がおかしいのであり、改めるべきと考えます。

最高裁まで争われたことからも分かる通り、責任能力や監督責任の有無の判定は紙一重であり、また監督者となる家族がいないケースも多く、そうなると被害者は救済されません。

そうであるならば、被害者救済の観点からはもはやこの「監督義務者」という概念に頼るべきではないと考えます。では社会全体として何ができるかというと、本件のような場合は、鉄道会社が認知症の方が危険な場所に立ち入らないよう予防策を講じるべきといえるでしょう。

まずは駅員をはじめとする関係職員に認知症についての教育をおこない、ホームには東京の地下鉄のようにガイドラインやホームドアを設置します。すぐには実現できなくとも、線路上に降りることができる経路があれば鍵をかける、監視カメラや赤外線アラートを設置するなど、今すぐできることはたくさんあるはずです。

このように、いつ認知症の人が入り込んでも保護できるように社会の側が変わっていくべきなのです。さもなければ、何かあれば監督者＝家族や介護事業者のせいにされ、その結果高齢者は外出を禁止させられたり、屋外での活動が著しく制限されてしまうでしょう。

しかし、そのような社会が理想の超高齢社会といえるでしょうか。少なくとも私は、年をとるごとに肩身の狭い思いをしなければならないようなコミュニティで暮らしたいとは思いません。

第7章のまとめ

・想定外に長生きしてしまった場合も考え、お金が続くプランを立てましょう。
・家族は親の扶養義務を負いますが、自分の生活を犠牲にする必要まではありません。
・身内であろうと全面的に信頼し一切合切を預けるようなことは避けましょう。
・認知症者や要介護者が安心して生活できる社会に作り変えていきましょう。

おわりに　介護トラブルを避ける鉄則とは……

ここまでお読みいただき、ありがとうございました。介護にまつわるトラブルの大まかな傾向が、何となく見えてきたのではないでしょうか。

介護トラブルには大別して、家族内で起こる対内的なものと、施設や訪問介護といった事業所との間で起こる対外的なものがあります。

この本で取り上げたケースは、私が実際に弁護士として経験した事実をベースにしていますが、どれも決して「特別なこと」ではなく、介護の現場には「よくある話」です。

「介護弁護士」として、それらに向き合ってきて、私が思ったこと、考えたことやそこから得られる教訓などを書かせていただきましたが、特に大切だと思うことを最後にもう一度まとめます。

【対内トラブル回避の掟】　**一日も早く、相続と介護のことについて話し合うべし**

ご紹介したトラブルはどれも、親族間の介護方針に関する争いや、お互いの認識や考えがマッチしないなかで生じたものでした（第２章）。

最も大切なことは、一人の高齢者に関わる人たちの絆であり、その人に対する介護というプロジェクトに向け足並みを揃えることです。

そのためには、お互いが顔を合わせ、何でも気軽に話し合える良好な関係性を築いていくことが一番と考えます。コロナ禍のなかでは集まることが難しい時代になりましたが、それでも直接会うことは変わらず大切なことであると思います。

また、「介護トラブルの始まりは相続争いの始まり」（第１章）でもあるので、お金の話を避けて通ることはできません。「自分だけが介護で損をしている」と思ったら、臆せず不満を伝えましょう。遠慮したり、疑ったりしたまま曖昧にし、後から親族間でトラブルになることは避けたいものです。

【対外トラブル回避の掟】　**詳しい人を味方につける**

特に一人暮らしの高齢者にとっては、外部のプロフェッショナルの協力は欠かせません。それは、介護業界に精通した地域包括センターの職員であり、民生委員であり、地域でボランティアに携わっている人たちです。

第1章で紹介したように、いざ介護が必要な状態になって駆け込むのではなく、その前から少しずつ地域のプロフェッショナルたちと関係を築いていけることが理想的です。

たとえば高齢者でも、元気なうちは「シルバー人材センター」などに登録して仕事をするのもおすすめです。

また、介護する家族向けの会や、施設によっては利用者や入居者の家族同志が集う場なども開かれています。情報を求めてみましょう。「何かあってから」ではなく、普段から助け合いのできる関係性を作っておくことが大切です。

ますます複雑化し、わかりづらくなる高齢者福祉のサービスと、破綻しつつある介護保険の制度を前に、声を上げるべき相手は誰なのでしょうか。身内や介護施設と争っている場合ではありません。

年をとることは誰しも避けられない宿命です。現在、親や祖父母の介護に携わっている人も、これから介護に携わる人も、いずれは自分が介護をされる側になることを忘れてはいけません。そのとき、どのような介護を受け、どのように自分の人生を全うさせたいか。

この本が、そうしたことを考えるきっかけになれれば幸いです。皆様の介護が悔いのないものとなることを願っています。

介護弁護士　外岡　潤

外岡 潤（そとおか じゅん）

弁護士、ホームヘルパー２級。「弁護士法人おかげさま」代表。

1980年札幌生まれ、東京育ち。

1999年東京大学文科Ｉ類入学、2005年に司法試験合格。

09年4月法律事務所おかげさまを設立。同年8月ホームヘルパー2級取得。

介護・福祉の業界におけるトラブル解決の専門家。

介護・福祉の世界をこよなく愛し、現場の調和の空気を護ることを使命とする。

著書に「実践 早期発見から有事のマスコミ対応まで介護現場における虐待の予防と対策」（民事法研究会）、「介護職員のためのリスクマネジメント養成講座」（レクシスネクシスジャパン）など。「日経ヘルスケア」（日経BP)「週刊ダイヤモンド」（ダイヤモンド社）で執筆。

NHK BSプレミアム「我らがパラダイス」では法律考証を担当。

日本初の介護・福祉関係専門の弁護士として各メディアで活躍中。

YouTubeにて「知らないと損する介護の落とし穴」を配信中。

https://www.youtube.com/@user-sj9yc3yf4u

ホームページ：https://okagesama.jp/

弁護士《べんごし》外岡《そとおか》潤《じゅん》が教《おし》える親《おや》の介護《かいご》で困《こま》った時《とき》の

介護《かいご》トラブル解決法《かいけつほう》

2023年4月28日　初版第1刷発行

著　者　外岡 潤

発行者　浜田和子

発行所　株式会社 本の泉社

〒112-0005　東京都文京区水道2-10-9　板倉ビル2階

TEL：03-5810-1581　FAX：03-5810-1582

印刷：壮光舎印刷株式会社

製本：株式会社村上製本所

DTP・デザイン：杵鞭真一

ISBN 978-4-7807-2238-3　C0036